ANDREAS KNUF

SEI NICHT SO HART ZU DIR SELBST

Andreas Knuf

SEI NICHT SO HART ZU DIR SELBST

Selbstmitgefühl in guten und in miesen Zeiten

KÖSEL

FSC www.fsc.org
MIX
Papier | Fördert gute Waldnutzung
FSC® C083411

Penguin Random House Verlagsgruppe FSC® N001967

6. Auflage 2024

Neumarkter Str. 28, 81673 München
Umschlaggestaltung: Weiss Werkstatt München
Druck und Bindung: CPI books GmbH, Leck
Printed in the EU
ISBN 978-3-466-34622-6
www.koesel.de

INHALT

ANHANG

Sei nicht so hart zu dir selbst
Es ist okay, wenn du fällst

Andreas Bourani

EINLEITUNG

Unfreundlich mit sich selbst umzugehen, sich für kleine Unzulänglichkeiten harsch zu verurteilen oder ständig an der eigenen Person herumzunörgeln, ist das Volksleiden Nummer eins. Wir kritisieren uns für unsere Eigenschaften, vergleichen uns mit anderen und schneiden dabei meistens miserabel ab. Dann strengen wir uns unbändig an, um endlich so zu sein, wie wir uns gern hätten. Wir können selbst dann nicht freundlich mit uns umgehen, wenn wir es wirklich nötig hätten: in schwierigen Zeiten. Manchmal treten wir in besonders leidvollen Momenten sogar noch richtig nach, indem wir uns sagen: »Jetzt reiß dich endlich mal zusammen!«

»Liebe deinen Nächsten wie dich selbst!«, diesen Grundsatz christlicher Ethik kennen wir alle. Aber mal ehrlich: Wollen wir andere Menschen tatsächlich so behandeln, wie wir mit uns selbst umgehen? Wer möchte seinem besten Freund all die kritischen Kommentare antun, mit denen wir uns das Leben von morgens bis abends schwer machen?

Wie viele Menschen kennen wir, die wirklich freundlich, wohlwollend und annehmend mit sich umgehen, die nicht erst schöner, klüger oder erfolgreicher werden müssen, bevor sie sich akzeptieren? Die genauso unvollkommen bleiben dürfen, wie sie sind? Mit den fünf Kilo zu viel, dem Hang zu Unordnung und den düsteren Augenblicken voller Traurigkeit oder Verzweiflung? Meine These wäre: Uns fallen nicht sehr viele Menschen ein.

Jeder von uns hat seine bevorzugten Nörgelthemen: Wir meinen, wir seien zu dick, nicht hübsch genug, nicht erfolgreich genug, nicht ehrgeizig genug, nicht sozial genug, nicht glücklich genug, nicht jung genug, nicht schnell genug, nicht organisiert genug oder nicht konsequent genug. Egal, worum es sich dabei handelt, all diese Themen haben eines gemeinsam: Wir sollten unbedingt anders sein, als wir sind!

Für unsere Unzulänglichkeiten geben wir in den meisten Fällen uns selbst die Schuld. Wir wissen schließlich genau, wie es anders laufen könnte. Wir müssten ja nur weniger essen, dann würden wir schlanker werden. Wir müssten nur engagierter arbeiten, dann wären wir erfolgreicher und könnten mehr Geld verdienen, oder wir müssten nur endlich mit der Selbstkritik aufhören, dann könnten wir ein zufriedeneres Leben führen. Wir wissen also, was zu tun ist, um ein besserer oder perfekterer Mensch zu werden, aber wir tun es nicht. Denn wir sind schlichtweg zu bequem. Deswegen sind wir schon wieder nicht joggen gegangen. Wir bringen nicht genug Selbstdisziplin auf und haben schon wieder ein Glas zu viel getrunken. Also ist doch klar, dass wir so, wie wir sind, nicht okay sind und hart an uns arbeiten müssen, damit wir unser Sportpensum schaffen oder endlich einen geduldigeren Umgang mit unseren Kindern hinbekommen.

Zu allem Überfluss vergleichen wir uns auch noch mit anderen Menschen und kommen nicht selten zu dem Ergebnis, dass die es besser raushaben als wir. Oft wirken die anderen von außen betrachtet so, als hätten sie ihr Leben besser im Griff. Wir gehen dann auf eine Geburtstagsparty und fühlen uns minderwertig, weil dort viel mehr Gäste sind als auf unserer Party. Irgendwie sind die anderen immer hübscher, schlanker, erfolgreicher oder glücklicher als wir. Die Folge dieser Besessenheit, sich mit allen zu vergleichen, ist klar: Wir fühlen uns dabei ziemlich mies.

Oft bekommen wir diesen Terror an Selbstkritik gar nicht bewusst mit. Er ist uns so in Fleisch und Blut übergegangen, dass wir nicht einmal mehr merken, was wir uns tagtäglich antun. Was wir jedoch wahrnehmen, sind die verheerenden Folgen dieser Dauerkritik: Anspannung, ein Erleben von Anstrengung und Erschöpfung, Gereiztheit und eine diffuse Unzufriedenheit gehören dazu. Dummerweise geben wir uns auch für diese Empfindungen oft wieder selbst die Schuld: »Warum bist du nur so angespannt, sei doch mal locker!«

Es gibt einige ganz typische Situationen, in denen diese Unfreundlichkeit mit uns selbst deutlich wird. Stellen wir uns einfach vor, uns ist heute Morgen beim Ausparken ein Missgeschick passiert: Eine Sekunde waren wir unaufmerksam und schon haben wir die kleine Mauer am Straßenrand erwischt. Erst sah der Schaden gar nicht so schlimm aus, aber der nette Herr in der Werkstatt hat uns schnell erklärt, dass das gut und gerne 1000 Euro macht und der Schaden wohl nicht von der Versicherung übernommen werde. So, und jetzt kommt die entscheidende Frage: Wie gehen wir in einer solchen Situation mit uns um? Sagen wir uns: »So etwas kann vorkommen, anderen passiert das auch. Ich hab noch nie einen Unfall gebaut, irgendwann passiert das eben mal. Ich hätte etwas besser achtgeben können, aber heute Morgen hab ich es in der Hektik einfach nicht hingekriegt«? Oder vielmehr: »Wie kann man nur so blöd sein – schon wieder nicht aufgepasst! Das hätte nicht passieren dürfen. Andere können doch auch Auto fahren. Und 1000 Euro, das ist verdammt viel Geld, ich Vollidiot!«

Die meisten von uns neigen zur zweiten Variante mit der Folge, dass wir nicht nur ein kaputtes Auto, sondern auch noch einen von Selbstverurteilungen vermasselten Tag haben.

Aber diese mentalen Verurteilungen müssen uns nicht unser Leben lang begleiten und unseren Alltag vergiften. Dieser Terror kann ein Ende finden! Das vielleicht wichtigste Werkzeug dazu möchte ich in diesem Buch vorstellen, es wird heute als »Selbstmitgefühl« bezeichnet. Selbstmitgefühl bedeutet unter anderem, liebevoll und freundlich mit sich umzugehen. Ein anderer Aspekt – und deshalb heißt diese Fähigkeit auch *Selbstmitgefühl* –, betrifft eine mitfühlende Haltung gegenüber den eigenen leidvollen Erfahrungen, die das Leben zwangsläufig mit sich bringt.

Dieser Aspekt des Selbstmitgefühls passt eigentlich so gar nicht in unsere Zeit. Wir leben in einer »Don't worry, be happy«-Kultur, in einer Zeit des »Schönen Tag noch!« Wir müssen immer gut drauf sein, ein schöner Tag jagt den nächsten. Wir sollten glücklich sein und zwar am besten von morgens bis abends. Selbstmitgefühl aber schließt auch die Schattenseiten unseres

Lebens mit ein, indem man dem eigenen Schmerz nicht aus dem Weg geht, sondern ihm mit einer freundlichen, mitfühlenden Haltung begegnet. Damit ist einerseits inneres Leid gemeint, das durch sehr schwierige Lebenslagen ausgelöst wird. Wenn beispielsweise ein geliebter Mensch stirbt, man krank wird oder den Job verliert, dann braucht es einen guten Umgang mit den Situationen, die uns herausfordern. Gemeint sind aber auch die vielen kleinen Verluste, Abschiede und Enttäuschungen, die unseren Alltag prägen. Man ist gestresst und unzufrieden, beim schönen Familienausflug haben die Kinder so richtig schlechte Laune und der Traumurlaub neigt sich bereits wieder dem Ende zu. Wenn wir ehrlich sind, beschert uns das Leben tagtäglich Kummer, doch wir sind so erfolgreich im Wegdrücken, dass wir ihn gar nicht mehr spüren. Selbstmitgefühl bedeutet, auch für diese Empfindungen offen zu sein und achtsam mit ihnen umzugehen.

Es gibt gar nicht so wenige Leute, die es satthaben, immer gut drauf sein zu müssen. Sie kaufen Bücher wie *Miese Stimmung* oder *Ich bleib so scheiße wie ich bin!* und nehmen ein Recht auf Unglücklichsein für sich in Anspruch. In gewisser Weise gehört Selbstmitgefühl auch zu dieser Gegenbewegung der »Don't worry, be happy«-Kultur, die den Zwang überwinden möchte, immer glücklich und gut drauf sein zu müssen.

Wer Selbstmitgefühl empfinden kann, ist besser geschützt vor Depressionen und Angststörungen. Wenn wir uns selbst auf diese Art begegnen können, kommen wir mit den Widrigkeiten des Lebens besser zurecht und können auch mal eine Niederlage verkraften. Selbstmitgefühl ist nach meiner Erfahrung eine zentrale Fähigkeit, die darüber entscheidet, ob wir ein freudvolles und zufriedenes Leben führen können. Wer gegen sich selbst kämpft und sich verurteilt, der leidet gezwungenermaßen. Wer hingegen einen annehmenden und liebevollen Umgang mit sich pflegt, dem ergeht es deutlich besser – selbst wenn das Leben unangenehme Herausforderungen für ihn bereithält.

Außerdem ist Selbstmitgefühl ein Schlüsselelement, um Veränderungsprozesse in Gang zu bringen. Wer gern abnehmen möchte, das Rauchen aufgeben will oder konsequent für eine Prüfung lernen muss, der versucht sich in der Regel für seine Ziele zu disziplinieren und geht streng mit sich um. Und wenn es dann doch nicht so klappt mit dem Diäthalten, verurteilen wir uns meistens dafür in der Hoffnung, es beim nächsten Mal besser hinzubekommen. Doch genau das ist ein folgenschwerer Irrtum: Wer sich für seine Schwächen verurteilt, überwindet die eigenen Schwächen nicht leichter, sondern tut sich schwerer. Wer also in seinem Leben etwas verändern möchte, sollte sich nicht allzu hart an die Kandare nehmen, sondern stattdessen wohlwollend und nachsichtig mit sich umgehen. So erreicht man die Dinge, die einem wichtig sind, leichter.

Die meisten Menschen wünschen sich aber nicht mehr Selbstmitgefühl, sondern setzen stattdessen auf ein gutes und starkes Selbstwertgefühl. Die gesamte westliche Psychologie und Psychotherapie war sich in den letzten Jahrzehnten darin einig, dass es wichtig sei, das Selbstwertgefühl von Menschen zu stärken. Menschen sollten sich ihres eigenen Wertes bewusst sein, sie sollten wissen, worauf sie stolz sein können, was sie besonders gut können, worin sie besser sind als andere. Dieser Auffassung zufolge gilt: Besitz und Status erhöhen das Selbstwertgefühl und stärken die Person. Wer es in der Psychologieszene wagte, die heilige Kuh des Selbstwertgefühls kritisch zu hinterfragen, der machte sich nicht nur unbeliebt, sondern galt auch als unwissenschaftlich. Zu erdrückend erschienen die Belege dafür, wie wichtig ein gutes Selbstwertgefühl für ein erfülltes Leben ist. Doch dieses Konzept hat in den letzten Jahren gewaltige Risse bekommen, um nicht zu sagen: Das ganze Konzept ist gerade dabei, völlig in sich zusammenzubrechen. Ein hohes Selbstwertgefühl, so wissen wir nämlich heute, geht einher mit einer geringen Fähigkeit, berechtigte Kritik anzunehmen, und dem Risiko, ein selbstbezogener Narzisst zu werden, dem es nur um das eigene Glück geht. Vor allem aber ist das Selbstwertgefühl nur ein »Schönwettergefühl«: Wenn es einem gut geht, wenn die Dinge gut laufen, wenn man erfolgreich ist oder viele Begabungen hat, dann kann man es sich erlauben, auf das Selbstwertgefühl zu setzen. Doch spätestens wenn nicht mehr alles rundläuft, dann zahlt man einen verdammt hohen Preis. Dann geht es einem plötzlich mies, weil der Selbstwert vom Erfolg und vom Übertreffen anderer abhängig ist. Wer sein ganzes Leben lang an seinem hohen Selbstwert gebastelt hat und dann arbeitslos oder berentet wird, Falten bekommt, krank wird und nicht mehr so viel leisten kann, der erleidet einen deutlichen Selbstwertverlust und wird möglicherweise depressiv und unglücklich. Nach allem, was wir heute wissen, ist es daher gar nicht wünschenswert, ein möglichst hohes Selbstwertgefühl zu haben, sondern viel sinnvoller und gesünder ist es, Mitgefühl mit sich selbst aufbringen zu können.

Selbstmitgefühl gehört zwar zu den wichtigsten Dingen im Leben, dennoch fällt es vielen von uns schwer, diese innere Haltung zu kultivieren. Das trifft auch auf mich selbst zu. Es ist einer meiner größten Wünsche, mitfühlender mit mir und mit anderen umzugehen. Ich wäre sehr gern mit der Liebe, die ich in mir spüre, stärker verbunden. Außerdem wünsche ich mir, noch besser zu meinen eigenen Empfindungen stehen zu können, ohne diese wegschieben zu müssen. Ich schreibe dieses Buch nicht als ein Autor, Psychotherapeut und Achtsamkeitslernender, der durch regelmäßige Praxis ein von Selbstmitgefühl durchflutetes Leben führt. Sondern ich ringe selbst tagtäglich darum, freundlich und annehmend mit mir und anderen umzugehen – manchmal gelingt es mir, und immer wieder scheitere ich. Deshalb weiß ich sehr genau, wie herausfordernd es ist, mitfühlender mit sich umzugehen und die in diesem Buch beschriebene Haltung umzusetzen.

Bevor ich noch ein paar Worte zum Aufbau dieses Buches sage, muss ich noch eine kleine Unverschämtheit beichten: Ich werde dich als Leserin oder Leser in diesem Buch nämlich duzen und das, obwohl mir niemand das Du angeboten hat, wir uns nicht persönlich kennen und wahrscheinlich auch nie persönlich begegnen werden. Nach meiner Erfahrung ermöglicht aber das »Du« einen direkteren Bezug zur eigenen Person, wodurch es besser gelingt, die Inhalte dieses Buches auf sich selbst zu beziehen. Ich verwende also das Du, weil ich die Erfahrung gemacht habe, dass die besprochenen Themen dadurch ihre Wirkung besser entfalten können.

Sei nicht so hart zu dir selbst ist sowohl als Lese- wie auch als Arbeitsbuch geschrieben. *Lesebuch* bedeutet: Du kannst dieses Buch einfach lesen, ohne die vorgeschlagenen Übungen auszuprobieren. Den Inhalt des Buches kannst du auch verstehen, wenn du die Übungen nicht selbst machst. Wenn du das Buch auf diese Art liest, bekommst du Informationen über Selbstmitgefühl und darüber, wie es genutzt werden kann. *Arbeitsbuch* bedeutet: Du entscheidest dich dafür, möglichst viele der vorgeschlagenen Übungen auszuprobieren. Du nimmst dir vor innezuhalten, wenn eine Übung vorgeschlagen wird, und die Übung am besten auch dann zu probieren, wenn dein Verstand dir rät, sie zu überspringen und gleich weiterzulesen.

Wenn du dich für die zweite Variante entscheidest, empfehle ich dir, beim Lesen einen Stift und ein leeres Heft oder Papier bereitzuhalten, damit du dir Notizen machen kannst. Es wäre auch gut, das Buch eher langsam zu lesen und nach einigen Seiten jeweils innezuhalten. Immer wieder wirst du im Buch auf ein Pausenzeichen stoßen: . Dieses Zeichen lädt dazu ein, eine kleine Pause zu machen, das Buch vielleicht sogar beiseitezulegen und die Inhalte auf dich wirken zu lassen. Das Pausenzeichen lässt sich auch für eine kurze Achtsamkeitsübung nutzen, beispielsweise indem du bei jedem Pausenzeichen für zwei oder drei Atemzüge deinen Atem mit Bewusstheit begleitest.

Wenn du das Buch als Arbeitsbuch nutzen möchtest, kannst du an den Tagen oder Wochen des Lesens bei Gelegenheit auch Selbstmitgefühlsmeditationen oder andere Achtsamkeitsübungen praktizieren. Im Anhang findest du Empfehlungen für entsprechende CDs. Wenn du dich für die Arbeitsbuch-Variante entscheidest, wirst du feststellen, dass sich dadurch in deinem Alltag allmählich einige Veränderungen entfalten.

Wichtig ist mir, dass du dich nicht unter Druck gesetzt fühlst, irgendwelche Übungen machen zu müssen. Ich selbst habe schon zu viele Ratgeberbücher mit Übungen gelesen und jedes Mal ein schlechtes Gewissen bekommen, wenn ich eine Übung überblättert habe. Die Folge davon ist natürlich oft das Gegenteil von Selbstmitgefühl, nämlich Selbstverurteilung.

Das Buch besteht aus zwei Teilen. Im ersten Teil beschäftigen wir uns mit den Grundlagen des Selbstmitgefühls. Wir erfahren unter anderem, was Selbstmitgefühl überhaupt ist und fragen uns, ob unser Leben denn so schrecklich ist, dass wir des Mitgefühls bedürfen. Der zweite und ausführlichere Teil bietet eine Hilfestellung, um mehr Selbstmitgefühl in das eigene Leben zu bringen. Hier finden sich auch die meisten Übungen. Ganz am Schluss berichtet eine Teilnehmerin eines Mitgefühlstrainings davon, wie Selbstmitgefühl ihren Alltag und ihr Leben verändert hat.

Unsere gemeinsame Reise zu einem mitfühlenden Umgang mit uns selbst kann nun beginnen. Ich freue mich, dass du dabei bist!

Andreas Knuf

TEIL 1: WAS IST SELBSTMITGEFÜHL?

DER GANZ NORMALE WAHNSINN: WIE WIR MIT UNS SELBST UMGEHEN

Der ganz normale Wahnsinn eines ganz normalen Lebens zeigt sich jeden Tag Hunderte Male. Er zeigt sich darin, wie wir mit uns selbst umgehen: ob wir freundlich oder kritisch zu uns sind. Ob wir das, was wir haben, und wie wir leben, genießen können oder ob alles immer besser werden muss und wir ständig unzufrieden sind. Ob wir in der Lage sind, uns auch den schwierigen Erfahrungen des Lebens zuzuwenden, oder uns mit Alkohol, Fernsehen oder anderen Ablenkungen vor unseren Empfindungen zu drücken versuchen. Ob uns eine gute Balance zwischen Tun und Nichtstun gelingt oder ob wir uns dauernd zu immer neuen Höchstleistungen motivieren und so sehr unter Strom stehen, dass wir irgendwann vor Erschöpfung zusammenbrechen.

Tatsache ist: Viele Menschen leben kein freudvolles Leben, obwohl die äußeren Lebensumstände komfortabel bis luxuriös sind. Sie sind vielmehr innerlich getrieben und fühlen sich leer. Dieser ganz normale Wahnsinn findet ständig und überall statt. Man muss nicht psychisch krank sein, um unfreundlich mit sich selbst umzugehen oder ein unerfülltes Leben zu führen. Diese Selbstunfreundlichkeit, wie man es vielleicht nennen könnte, ist ein Massenphänomen, keine Randerscheinung.

Der Dauernörgler

Wie wir tatsächlich mit uns selbst umgehen, lässt sich auf ganz einfache Weise herausfinden. Wir brauchen dazu nur kurz innezuhalten und wahrzunehmen, wie wir unseren inneren Empfindungen und uns selbst begegnen.

Kannst du deine Eigenschaften annehmen, ohne sie ändern zu wollen oder dich für sie zu schämen?

Kannst du dir Schwächen und Fehler eingestehen, ohne dich minderwertig oder nicht liebenswert zu fühlen?

Bist du mit all deinen Empfindungen einverstanden, auch mit den unangenehmen?

Wenn ja, dann kannst du dieses Buch getrost beiseitelegen. Du hast höchstwahrscheinlich einen freundlichen und mitfühlenden Umgang mit dir selbst. Du gehörst damit aber zu einer Minderheit, denn den meisten Menschen gelingt eine solche liebevolle Selbstannahme nicht.

Vielleicht kennst du aber auch eine andere innere Verfassung: Du bist oft nicht zufrieden mit dir und denkst, dass du dich in irgendeinem Bereich ändern müsstest. Du kannst vieles in deinem Leben nicht annehmen, sondern möchtest es anders haben. Das kann sich auf die kleinen Dinge des Alltags beziehen, etwa das Verhalten der Menschen in deinem Umfeld, das Wetter, den Stau, einen Arbeitskollegen. Es kann sich aber auch auf deine Lebenssituation beziehen: wie du lebst, arbeitest und deine Freizeit verbringst. Vielleicht erlebst du dich oft im Stress, bist innerlich angespannt und unruhig und strengst dich in deinem Alltag oft an?

Wenn du das kennst, dann sei herzlich willkommen im Club der inneren Kritiker, dem größten Club Deutschlands mit geschätzten 60 bis 70 Millionen Mitgliedern. Hier die Beitrittsbedingungen: Mitglied ist jeder, der überkritisch, unfreundlich, antreiberisch oder besserwisserisch mit sich umgeht. Nicht Mitglied werden darf, wer einen freundlichen, liebevollen und annehmenden Umgang mit sich pflegt. Ob man beitreten darf, kann man durch einige einfache und ausgesprochen zuverlässige Tests leicht herausfinden. Einen habe ich in der Einleitung schon beschrieben: die Situation mit dem Bagatellunfall. Wie gehst du mit dir selbst um, wenn du einen kleinen Unfall gebaut hast – freundlich oder vorwurfsvoll? Eine weitere ganz typische Situation ist eine Prüfung oder ein Vorstellungsgespräch, vor allem die Bewertung danach. Du könntest Dir innerlich sagen: »Ich habe mein Bestes gegeben, jetzt hoffe ich, dass ein gutes Ergebnis dabei herauskommt. Ich werde sehen und muss abwarten, bis die Prüfungsergebnisse veröffentlicht werden.« Oder du reagierst so: »Verdammter Mist, das hab ich vermasselt. Warum hab ich mich auf das Thema nur so schlecht vorbereitet? Wahrscheinlich bin ich durchgefallen, ich bin einfach zu blöd.«

Was wäre dein typisches Reaktionsmuster?

Auch mich plagt dieser ganz normale Wahnsinn immer wieder und während der Arbeit an diesem Buch habe ich ihn ebenfalls zu spüren bekommen. In lichten Momenten sagte eine freundliche Stimme zu mir: »Mach dir keine Sorgen wegen des Buchs. Wenn du weiter regelmäßig dran arbeitest, wird es im Herbst fertig sein. Du hast schon mehrere Bücher geschrieben, du weißt doch, wie das geht. Du brauchst dich nicht zu stressen, sondern kannst einfach engagiert weiter daran arbeiten.« Wie gesagt, das waren lichte Augenblicke. Die andere Variante ging in etwa so: »Vergiss es, das bekommst du sowieso nicht hin. Die Zeit reicht nie, du hast ja fast noch nichts geschrieben und in drei Monaten musst du abgeben. Und überhaupt: Selbstmitgefühl, dass ich nicht lache! Das kriegst du ja selbst nicht auf die Reihe und dann willst du ein Buch drüber schreiben.«

Der Dauernörgler nörgelt nicht irgendetwas, sondern er hat ganz bestimmte Themen, die mit unserer Persönlichkeitsstruktur, mit unseren Werten und unseren lebensgeschichtlichen Erfahrungen zusammenhängen. Während sich beim einen der Dauernörgler darüber beschwert, dass man nicht ordentlich genug ist, findet er beim anderen, man sollte lebendiger sein, sollte mehr Freunde haben oder sich mehr um seine Freunde kümmern. Wieder ein anderer findet, man müsse sich mehr anstrengen, sei nicht attraktiv genug oder habe sich einem anderen Menschen gegenüber schon wieder nicht korrekt verhalten. Vielleicht kannst du selbst direkt ein paar Themen benennen, bei denen dein Kritiker anspringt. Lass dir einen Moment Zeit, um ein oder mehrere typische Themen zu finden. Wenn du magst, kannst du sie auch notieren.

1. ______________________________
2. ______________________________
3. ______________________________

Das Tröstliche an diesem quälenden Nörgler ist, dass ihn jeder von uns kennt. Wir befinden uns also in verdammt guter Gesellschaft. Angesichts der schmerzhaften Erfahrungen, die uns der Dauernörgler bescheren kann, ist das allerdings ein schwacher Trost. Auch wenn wir ihn alle kennen, so hat er doch bei jedem von uns eine unterschiedliche Ausprägung. Besonders aktiv ist er, wenn wir als Kinder oder Jugendliche viel mit Kritik von außen konfrontiert wurden. Wer mit Eltern aufwuchs, die an ihrem Kind ständig etwas auszusetzen hatten, der hat vermutlich einen ziemlich starken Dauernörgler in sich. Auch Kommentare von Schulkameraden, Geschwistern, Lehrern und so weiter gehen nicht spurlos an uns vorüber. Wenn man in der Kindheit oder Jugend wegen seiner Sommersprossen gehänselt wurde, dann sagt der innere Kritiker womöglich 20 Jahre später immer noch: »Also hübsch ist was anderes.«

Unser kritischer Quälgeist ist wie ein Radioprogramm, das je nach Alter schon seit 20, 40 oder noch mehr Jahren läuft. Eigentlich wäre es nur logisch, dass wir uns immer mehr über diese Tyrannei ärgern und uns überlegen, wie wir sie abstellen können. Meistens ist aber genau das Gegenteil der Fall: Je länger das Programm läuft, desto normaler kommt es uns vor; wir wissen nicht mehr, dass es in Wirklichkeit nur der Kommentar unseres Verstandes ist. Stattdessen glauben wir, dass es sich um eine wahre Beschreibung unserer Person und unseres Lebens handelt. Wir identifizieren uns mit dieser Stimme, obwohl uns der kritische Dauerkommentar das Leben nicht erleichtert, sondern alles nur noch schwerer macht. Identifizieren bedeutet auch, dass wir der Stimme glauben, sie für wahr halten. Das Prinzip lautet: Man muss nur lange genug den gleichen Unfug erzählen, irgendwann wird er geglaubt. Es taucht dann nicht einmal mehr die Frage auf: »Ja stimmt denn das überhaupt?« Stattdessen sind wir innerlich verschmolzen mit diesem Gedanken, »fusioniert«, wie die Fachleute sagen. Wenn der Gedanke lautet: »Das schaffst du bestimmt nicht«, dann ist unsere innere Resonanz darauf nicht: »Moment mal, das muss ich ja erst mal rausfinden«, sondern vielmehr: »Ja, das stimmt, das ist so.« Es fühlt sich stimmig und richtig an, obwohl es destruktiv ist.

Am leichtesten bemerken wir unseren unfreundlichen Umgang mit uns selbst in Situationen, in denen uns etwas misslingt. Dann nämlich reicht unsere übliche »Schwerhörigkeit« nicht mehr aus, um die Abwertung zu überhören. »So blöd kann man sich doch nicht anstellen.«, »Das hättest du schaffen müssen!«, »Mit dir stimmt doch was nicht!« Daraus schließen wir oft, dass unsere negative Selbstbeurteilung uns nur quält, wenn wir ganz offensichtlich einen Fehler gemacht haben oder gescheitert sind. Aber leider läuft dieses Radioprogramm von morgens in der Früh bis tief in die Nacht. Es ist nicht so laut gedreht wie in den Situationen des Misslingens, aber trotzdem läuft es die ganze Zeit im Hintergrund. Es flüstert: »Du musst anders werden. Das reicht so nicht. Du musst dich verbessern«.

Die Sollte-Tyrannei

Unser Dauernörgler nörgelt nicht nur an uns herum, er sagt uns auch mehr oder minder deutlich, wie wir uns verändern müssen. Die entsprechenden Botschaften beginnen mit »Du solltest …« oder »Du musst unbedingt …« Die allermeisten dieser Sollte-Botschaften haben nichts mit unseren Bedürfnissen zu tun. Es sind frühere Empfehlungen unserer Eltern, Einflüsse der Kultur, in der wir leben, Lebenskonzepte von Freunden und Ähnliches. Unser kritischer Geist beschwert sich nicht nur über uns, er möchte auch, dass wir hart an uns arbeiten. Wir sollen uns verändern, denn so wie wir jetzt gerade sind, geht es nun wirklich nicht. Er verspricht uns: »Wenn du hart an dir arbeitest und dich so veränderst, wie ich es dir vorschlage, dann wird alles besser. Dann werde ich Ruhe geben, und du wirst glücklich und voll innerem Frieden sein.«

Die Liste, wie man eigentlich zu sein hat, ist bei den

meisten von uns ziemlich lang. Hier ein Ausschnitt aus der Liste einer meiner Klienten:

- Ich sollte endlich wieder joggen gehen.
- Ich sollte mich mehr um meine Freunde kümmern.
- Ich sollte witziger sein und mehr reden.
- Ich sollte nur Biofleisch essen, eigentlich sollte ich gar kein Fleisch essen.
- Ich sollte freundlich zu anderen Menschen sein.
- Ich sollte mehr Kontakt zu meinen Nachbarn pflegen.
- Ich sollte nicht so lange auf mein Smartphone glotzen.
- Ich sollte meine Eltern öfter besuchen.
- Ich sollte mir endlich einen neuen Job suchen.
- Ich sollt mehr Spaß am Spielen mit den Kindern haben.
- Ich sollte nicht so schnell ärgerlich werden.

Diese Sollte-Tyrannei hat zwei unmittelbare Folgen. Zum einen fühlen wir uns natürlich mies, weil wir diese Forderungen oft nicht erfüllen können und dann ein schlechtes Gewissen bekommen oder uns dafür verurteilen. Zum anderen versuchen wir, diesen Forderungen nachzukommen. So leben wir irgendwann nicht mehr das Leben, das unserem Wesen und unserer Anlage entspricht, sondern jagen einem ausgedachten Ideal nach.

Der Antreiber in uns verspricht zwar, dass er Ruhe gibt, wenn wir fleißig an uns gearbeitet haben, aber mit diesem Versprechen nimmt er es nicht so genau. Jedenfalls habe ich noch nie jemanden getroffen, bei dem der Dauernörgler irgendwann mal gesagt hätte: »Genug verändert, du bist richtig gut, so wie du bist, du musst gar nicht mehr anders werden. Ich verabschiede mich heute von dir und werde dich den Rest deines Lebens nicht weiter behelligen.«

Unfreundlich mit sich umgehen

Leider *denken* wir nicht nur kritisch über uns, sondern schreiten auch noch zur Tat. Wir gehen unfreundlich mit uns um, bestrafen uns für das, was wir in unseren Augen verbockt haben, oder ignorieren unsere Bedürfnisse. Unser innerer Kritiker belässt es also nicht bei seinen Kommentaren, sondern er sorgt auch noch dafür, dass wir uns schaden, anstatt dass er unser Wohlbefinden fördern würde. Wie es uns geht, ist ihm völlig egal.

Sich selbst mit Unfreundlichkeit zu begegnen, kann Verschiedenes bedeuten: Wir ignorieren unsere Bedürfnisse, tun Dinge, die uns gar nicht entsprechen, überschreiten längerfristig unsere eigenen Grenzen und praktizieren sogar Verhaltensweisen, die unserem Körper schaden oder hohe Risiken mit sich bringen. Jemand arbeitet das ganze Wochenende im Garten, und auch wenn er eigentlich nicht mehr kann, macht er weiter und hat nach dem Wochenende einen Bandscheibenvorfall. Eine Klientin von mir aß und trank den ganzen Tag über nichts, weil sie bei der Arbeit keine Zeit verlieren wollte. Sie nahm sich immer viel zu viel vor und stand deshalb ständig unter Stress und fühlte sich gehetzt. Ein Bekannter von mir besuchte sehr oft für mehrere Tage seine Eltern. Es ging ihm dort gar nicht gut, und er wusste genau, dass es nach ein oder zwei Tagen zu einem üblen Streit kommen würde, der mit wüsten Beschimpfungen seitens seiner Eltern endete. Neulich hörte ich von einem Paar, das sich im Sommer für 14 Tage im eigenen Keller verschanzt hatte, nur weil sie den Nachbarn den Eindruck vermitteln wollten, sie könnten es sich leisten, in die Ferien zu fahren. Sogar vor offensichtlichen selbstschädigenden Verhaltensweisen schrecken einige Menschen nicht zurück. Es ist in höchstem Grade selbstunfreundlich, wenn man sich in Gefahr bringt, nur um sich anderen gegenüber zu beweisen, oder wenn man es mit dem Sport dermaßen übertreibt, dass der Körper bleibenden Schaden nimmt.

Ob unser Umgang mit uns eher wohlwollend oder rücksichtslos ist, kann man leicht anhand einiger Alltagssituationen herausfinden. Eine ganz typische Situation ist körperliche Erkrankung. Wie reagieren wir beispielsweise auf eine Grippe oder eine andere vorübergehende Krankheit? Eigentlich ist klar, was sinnvoll wäre: sich schonen, nicht zur Arbeit gehen, nur das Nötigste machen, vielleicht Hilfe organisieren und zum Arzt gehen. Was selbstschädigend ist, ist eigentlich auch klar: die Krankheit ignorieren und weiterarbeiten wie bisher, Medikamente schlucken, nur um zu funktionieren.

Wie gehst du mit dir um, wenn du krank bist? Schonst du dich und nimmst Rücksicht auf dich? Oder versuchst du so zu tun, als wäre nichts? Wie oft bist du schon aus falschem Pflichtgefühl krank zur Arbeit gegangen?

Wenn es uns nicht gut geht, wäre es natürlich besonders wichtig, dass wir freundlich, verständnisvoll und wohlwollend mit uns umgehen. Doch meistens ist genau das Gegenteil der Fall: Je schwieriger alles für uns ist, desto unfreundlicher und gemeiner gehen wir mit uns um. »Wenn meine Stimmung okay ist, dann mache ich Sachen, die mir guttun. Ich gehe dann regelmäßig walken und lass mir Zeit für meine Hobbys«, erzählte eine junge Frau. »Wenn es mir aber schlecht geht, dann hocke ich nur noch vor der Glotze.« Eine Klientin von mir betäubte sich an schlechten Tagen innerlich, indem sie Horror-Hörspiele hörte. Sie wusste genau, dass sie davon Alpträume bekam und es ihr am nächsten Tag noch schlechter ging, aber lange Zeit konnte sie dieses Verhalten nicht abstellen. Der innere Kritiker tritt auch dann noch nach, wenn jemand schon am Boden liegt.

Manchmal handeln wir unseren Bedürfnissen zuwider. Wer schon längst satt ist und dann doch noch eine große Portion Tiramisu bestellt, ahnt vielleicht schon im selben Moment, dass er nachts mit Bauchschmerzen im Bett liegen wird. Wer dringend ein freies Wochenende ohne Freizeitstress braucht und sich gerade selbst sagen hört, wie er die Nachbarn für Samstag zum Grillabend einlädt, der fragt sich schon währenddessen: »Warum mache ich das nur? Ich hab mich so auf das freie Wochenende gefreut. Stattdessen stehe ich den halben Nachmittag in der Küche und wir sitzen dann wieder bis in die Nacht zusammen.«

Vielleicht fällt dir spontan eine solche Unfreundlichkeit dir selbst gegenüber ein. Gibt es etwas, das du tust, das nicht gut für dich ist oder dir sogar schadet? Lass dir einen Moment Zeit, um das herauszufinden. Vielleicht fällt dir eine Situation aus der letzten Zeit ein? Oder ein typisches Muster, das sich schon seit vielen Jahren immer wiederholt?

Das Leben – eine Mühsal

Wer Dutzende Male am Tag von seinem nervigen Dauerkommentator kritisiert, mit »Du musst«-Sätzen gequält und darüber hinaus auch noch unfreundlich behandelt wird, der fühlt sich fast zwangsläufig schlecht. Man bräuchte schon ein verdammt dickes Fell, damit einem all das nichts ausmacht. Stell dir vor, dein Partner oder ein anderes Familienmitglied (wahlweise auch die Chefin oder ein Kollege) nörgeln von morgens bis abends an dir herum. Das macht keine gute Laune, vor allem dann nicht, wenn wir glauben, dass der andere Recht hat und das, was er sagt, irgendwie stimmt. Wir fühlen uns unwohl, sind frustriert, ärgern uns über uns selbst oder werden einfach übellaunig. Meistens suchen wir für unsere schlechte Stimmung eine äußere Ursache und machen unseren Ehepartner, unsere Kinder, die Ausländer, das schlechte Wetter oder die allgemeine wirtschaftliche Situation verantwortlich. Oder wir versuchen, all dem zu entkommen, indem wir uns unglaublich anstrengen. Unsere Hoffnung lautet: Wenn wir unsere Fehler, Schwächen und neurotischen Eigenarten überwinden, dann gibt der Dauernörgler endlich Ruhe.

Doch da das nie geschieht, verfangen wir uns in einem lebenslangen Marathon.

»Jeden Tag ein bisschen besser«, so lautete vor einigen Jahren ein Werbespruch der Lebensmittelkette REWE. Und genau so sollten wir nach Meinung des Dauernörglers mit uns umgehen: jeden Tag an uns arbeiten, nie Ruhe geben, sondern immer noch mehr aus uns herausholen und uns so lange verbessern, bis wir endlich okay sind. Wir ahnen, was mit den Mitarbeitern der Lebensmittelkette geschieht, wenn sie tatsächlich versuchen, jeden Tag ein bisschen besser zu werden: Sie werden irgendwann k.o. zusammenbrechen und einfach nicht mehr können.

Sich jeden Tag zu steigern, ist unmenschlich, das hält niemand auf die Dauer aus. Genau so geht es vielen von uns: Wir sind angestrengt und erschöpft. Wir leben in einer Gesellschaft, in der Burnout kein Randphänomen mehr ist, sondern eine Massenerscheinung, von der immer mehr Menschen betroffen sind. Lange wurde so getan, als seien vor allem die Chefs schuld, die ihre Mitarbeitenden zu immer neuen Höchstleistungen antreiben, als sei Burnout also zwangsläufig Folge einer beruflichen Überforderung. Doch einen Burnout kann man auch erleiden, wenn der Chef gar nicht so schlimm ist und der Arbeitsplatz eigentlich ganz entspannt sein könnte. Könnte – denn der Burnout-Antreiber sitzt in uns und hat längst sämtliche Bereiche unseres Lebens in Beschlag genommen.

Die gute Nachricht kommt zum Schluss: Wir können einen Abstand zu unserem Dauernörgler gewinnen. Wir müssen ihm nicht unser ganzes weiteres Leben ausgeliefert bleiben. Denn in Wirklichkeit ist dieser Quälgeist nicht viel mehr als ein paar sich ständig wiederholende Gedanken, denen wir aber nicht weiter auf den Leim gehen müssen. Doch darüber wirst du in den nächsten Kapiteln mehr erfahren.

WARUM ÜBERHAUPT MITGEFÜHL?

Mitgefühl bedeutet, den Schmerz des anderen wahrzunehmen, verbunden mit dem Wunsch, der andere möge frei von Leiden sein. Mitgefühl braucht man nur dann zu haben, wenn es dem anderen nicht gut geht. Wir haben Mitgefühl mit dem kranken Freund, dem pflegebedürftigen Großvater oder den Kriegsopfern in Syrien. Wir brauchen kein Mitgefühl für einen Menschen aufzubringen, der gerade so richtig gut drauf ist und dem im Leben alles immer nur so zufliegt. Selbstmitgefühl hat also immer auch etwas mit dem Schweren und Dunklen in unserem Leben zu tun, mit schmerzhaften Herausforderungen, mit Scheitern, Verlusten, mit Ängsten, Sorgen und scheinbarer Ausweglosigkeit.

Kein Leben ohne Leiden

Vielleicht hat dich dieses Buch angesprochen, weil dein Leben zurzeit schmerzhafte Erfahrungen bereithält. Hast du einen Schicksalsschlag erlebt oder dir ist etwas widerfahren, das nicht ganz einfach für dich ist? Womöglich bist du arbeitslos geworden, eine Partnerschaft ist in die Brüche gegangen oder du bist krank?

Im Leben eines jeden Menschen gibt es Schmerz und Verzweiflung. Wer Hunger leidet, wer kein Geld hat, zum Arzt zu gehen, wer in einem Kriegsgebiet lebt, wessen Kind früh stirbt, dem widerfährt ganz offensichtlich Leid. Auch körperliches Leid kann sehr schwerwiegend sein: eine Behinderung, eine psychische oder körperliche Erkrankung, chronische Schmerzen, die den Menschen von morgens bis abends peinigen. Doch auch wer von richtig großen Lebenskatastrophen verschont geblieben ist, wird mit schmerzlichen Erfahrungen konfrontiert. Das mag eine frühe Trennung der Eltern sein, eine ungewollte Kinderlosigkeit oder ungewolltes Single-Sein, das Scheitern einer Partnerschaft, in die man viel Hoffnung gesteckt hat, oder ein Zerwürfnis mit einem nahen Menschen. Solche Erfahrungen macht früher oder später jeder Mensch.

Außerdem sind Krankheit, Gebrechen, Alter und Tod für jeden von uns unausweichlich. Unser Leben ist eine ziemlich kurze und dazu noch höchst unsichere Angelegenheit. Wer in einem Land mit guter medizinischer Versorgung lebt, der hat durchschnittlich 25 000 bis 30 000 Tage Lebenszeit auf dieser Erde, in manchen Ländern Afrikas sind es im Durchschnitt sogar weniger als die Hälfte. Doch auch die sind niemandem garantiert. Wir zahlen fleißig in die Rentenversicherung ein, doch jeder sechste bis siebte Mann wird die Rente nie erleben, bei Frauen sind es etwas weniger. Vordergründig fühlen wir uns alles in allem recht sicher, doch in Wirklichkeit ist unser Leben täglich, ja stündlich bedroht. Das weiß jeder, der schon mal mit einem plötzlichen Todesfall in seinem Umfeld konfrontiert war. Der, der immer da war, ist plötzlich verschwunden.

Menschliches Leid ist größtenteils nicht individuell, sondern hat etwas mit dem Menschsein an sich zu tun.

Es handelt sich um existentielle Erfahrungen, die zu einem Leben nun einmal dazugehören. Jedes Lebewesen wird geboren und jedes Lebewesen wird wieder sterben. Jedes Lebewesen macht freudig-genussvolle Erfahrungen und jedes Lebewesen macht schmerzhafte Erfahrungen. Die Sache so zu sehen, ist für eine selbstmitfühlende Haltung sehr wichtig, denn es macht einen großen Unterschied, ob ich mit meinem Leid alleine bin, oder ob es anderen auch so ergeht. Wenn wir uns in schmerzhaften Erfahrungen mit anderen verbunden fühlen, lindert das unseren Schmerz. Daher sagen wir: »Geteiltes Leid ist halbes Leid«. Wenn ich aber der Überzeugung bin, dass es nur mir so ergeht, dann bin ich isoliert von den anderen mit der Folge, dass der Leidensdruck steigt.

In der westlichen Psychologie werden schmerzliche Erfahrungen als persönlich aufgefasst, sie gelten vor allem als Folge unserer Lebensgeschichte. Wenn wir uns von unseren Eltern nicht genug geliebt gefühlt haben, wenn wir als Kind bestimmte schwierige Erfahrungen machen mussten, dann entsteht daraus vermeintlich ein individuelles Leid. Das ist der Grund, warum sich die Psychotherapie so intensiv mit der persönlichen Lebensgeschichte beschäftigt. Dabei wird so getan, als müsste dieses Leid nicht sein: Wenn man mit den perfekten Eltern in der perfekten Lebenssituation aufgewachsen wäre und im Leben alles so läuft wie gewünscht, dann, so die Überzeugung, wären wir wunschlos glücklich. In der westlichen Psychotherapie wird daher oft so getan, als lägen die großen Herausforderungen des Lebens bereits hinter uns: Eltern, die uns nicht wirklich verstanden haben, ein Vater, der zu viel arbeitet und keine Zeit für seine Kinder hatte, eine frühe Scheidung der Eltern. Wer frühe traumatische Erfahrungen gemacht hat, für den kann die Kindheit tatsächlich die schwierigste Phase im Leben sein. Doch für die meisten Menschen gilt: Die großen Herausforderungen des Lebens liegen nicht hinter uns, sondern vor uns! Krankheit, Alter, Gebrechen, und irgendwann auch der Tod stellen für die meisten von uns die größten Herausforderungen des Lebens dar. Die Bombe platzt für viele von uns also erst zum Schluss!

Netter Partner, liebe Kinder, schönes Haus

Wenn man sich in einer misslichen Lage befindet, ist es naheliegend, dass es einem nicht gut geht. Wem nach einem Rohrbruch die Wohnung voll Wasser gelaufen ist oder wer nach einem schweren Unfall im Krankenhaus liegt, der hat es gerade nicht leicht. Wer aber in Wohlstand lebt und von größeren Schicksalsschlägen verschont wird, der müsste sich doch eigentlich rundum wohl fühlen. Aber was, wenn dem nicht so ist? Ist man nicht undankbar, wenn man einen guten Job, eine schöne Wohnung und nette Freunde hat und trotzdem nicht in Dauerglückseligkeit durch den Alltag schwebt? Hat man dann etwas verkehrt gemacht? »Das ist doch Jammern auf hohem Niveau!« nennt es eine Klientin. »Es gibt nichts, worüber ich mich beklagen könnte, warum komme ich eigentlich zu Ihnen, ich bin doch einfach nur undankbar.« Sie hatte schon fast vergessen, warum sie gekommen war, sie hatte nämlich in regelmäßigen Abständen immer wieder Weinanfälle bekommen, die sie sich nicht erklären konnte. Wir fanden dann zusammen heraus, dass man nicht glücklich ist, nur weil jeden Monat Geld aufs Konto kommt und die Wohnung einen schönen Balkon hat. Der Grund für ihre Tränen war ein dauerhaftes Erleben von Überforderung: Sie strengte sich unbändig an, um allen gerecht zu werden, nur um abends mit dem Gedanken ins Bett zu gehen, dass es doch wieder nicht gereicht hatte.

Als ich Kind war, verglichen meine Eltern die Situation meiner Schwester und mir oft mit den Kindern in Afrika. Die hätten nämlich nichts zu essen, wurde uns gesagt, und dementsprechend schlecht ginge es ihnen. Wir aber hätten doch alles, was man sich als Kind wünscht, und seien trotzdem quengelig und offensichtlich undankbar, wenn wir den frischen Spinat aus dem Garten einfach nicht essen wollten. Die Folge solcher Sprüche war nicht, dass uns der Spinat besser geschmeckt hätte. Wir fühlten uns stattdessen irgendwie schuldig, eben undankbar, und als die Sprüche nicht aufhörten, wurden wir irgendwann sogar ein bisschen sauer auf die Kinder in Afrika.

Menschen, die in Wohlstand leben, machen oft die Erfahrung, dass sie deshalb noch lange nicht glücklich sind. Zahlreiche Studien zeigen: Das Glück nimmt mit steigendem Kontostand leicht zu, wer aber in etwa das Einkommen eines besseren Durchschnittsverdieners erreicht hat, der hat, was die Steigerung seiner Zufriedenheit durch Geld angeht, nicht mehr viel zu erwarten. Weitere Gehaltserhöhungen mögen zwar ganz hübsch sein, aber glücklicher wird man deshalb nicht. Wenn

Glück und Zufriedenheit hauptsächlich etwas mit Wohlstand zu tun hätten, dann müssten in Deutschland viele sehr glücklich sein und die Menschen in ärmeren Ländern ziemlich unglücklich. Ist das dein Eindruck? Meiner ist es nicht.

Aus den Medien erfahren wir immer wieder von Menschen, die anscheinend alles geschafft haben, die ein »erfolgreiches Leben« führen, Ruhm und Anerkennung erfahren, all das aber nicht genießen können. 2009 beging der schwäbische Industrielle Adolf Merckle Suizid, nachdem seine Firmen in finanzielle Schwierigkeiten geraten waren. Dabei wurde sein Vermögen weiterhin auf etwa sieben Milliarden Euro geschätzt, er gehörte zu den reichsten Männern Deutschlands. Michael Jackson, einer der wohl berühmtesten Menschen der Welt, starb letztlich an einer Medikamentenüberdosierung. Er hatte über viele Jahre alles geschluckt, was die Pharmaindustrie zu bieten hat, um den inneren Schmerz zu reduzieren, und fühlte sich anscheinend trotzdem weiterhin unglücklich. Inneres Glück hat ganz offensichtlich weniger mit den äußeren Bedingungen zu tun als wir meinen.

Das selbst geschaffene Leid

Als ob uns die vom Leben ohnehin schon zugemuteten schmerzhaften Erfahrungen nicht ausreichen würden, sorgen wir selbst für weiteres Leid. Es ist sogar so, dass der uns aufgezwungene Schmerz wahrscheinlich deutlich geringer ist, als der von uns selbst zusätzlich kreierte. Der Unterschied zwischen aufgezwungenem und von Menschenhand geschaffenem Leid lässt sich bei Ereignissen im Außen leicht nachvollziehen, ein Blick in die Tageszeitung oder die Abendnachrichten reicht aus. Das Erdbeben in Nepal oder der Hitzesommer in Indien mit mehreren Tausend Toten ist den Menschen zugemutet, der Krieg in Syrien oder das Flüchtlingselend im Mittelmeer wurde von Menschen geschaffen. Aber auch in unserem Inneren erschaffen wir tagtäglich neues Leid für uns und für die Menschen unseres Umfelds. Wir tun das in der Regel, ohne es zu bemerken, oft wissen wir nicht einmal, dass unser eigenes Verhalten uns das Leben nur noch schwerer macht. Manchmal geschieht es aber auch wissentlich und gelegentlich sogar absichtlich.

Wir erschaffen zu jedem Ereignis eine Geschichte und neben dem möglichen Leid, das in dem Ereignis an sich liegt, wird oft weitaus mehr Leid durch die Geschichte kreiert. Wir unterscheiden uns dabei von den Tieren, die sich keine zusätzlichen Geschichten ausdenken, weil sie keinen rationalen Geist haben. Ein Spatz, der in einem schneereichen Winter nicht genug Futter findet, muss hungern und wenn er mehrere Tage nicht genug findet, wird er womöglich sterben. Hunger und Tod sind im Tierleben allgegenwärtig. Wenn der Spatz mit einem Verstand ausgestattet wäre, dann würde sein Leid womöglich noch deutlich zunehmen. Es könnte nämlich sein, dass ihm Folgendes durch den Kopf geht: »Die Welt ist so ungerecht, warum hab ich nichts zu futtern. Der andere blöde Spatz hat ganz viel Futter gefunden, und er gibt mir nichts ab. Was hab ich nur falsch gemacht, dass die Welt so gemein zu mir ist. Ich hätte an einen anderen Ort fliegen sollen, da hätte ich bestimmt mehr Futter gefunden. Wie kann man nur so blöd sein, in diesen Wald zu fliegen, wo es einfach nichts gibt. Und überhaupt: Was ist das für ein schreckliches Leben, jeden Winter das gleiche Elend …« Die Folge davon wäre nicht nur Hunger, sondern womöglich auch noch eine handfeste Depression, im ungünstigsten Fall würde der Spatz vielleicht sogar darüber nachdenken, sich das Leben zu nehmen.

Unser Verstand hat eine ganz bestimmte Vorstellung, wie das Leben sein soll. Wenn es anders kommt als gewünscht, entstehen allein dadurch schon schmerzhafte Erfahrungen. Im Buddhismus werden sie als Dukkha bezeichnet. Dukkha meint beispielsweise, etwas zu bekommen, was man nicht möchte. Das passiert Dutzende Male am Tag: Man trifft den Nachbarn, auf den man wirklich keine Lust hat; auf dem Weg zur Arbeit gerät man plötzlich in einen Stau; die Kinder sind nörgelig, weil sie nicht mit dem Tablet spielen dürfen, und nach Feierabend wartet noch der Rasen darauf, ganz dringend gemäht zu werden. Dukkha entsteht auch, wenn man das, was man sich wünscht, nicht bekommt. Man hatte sich so auf die Fahrradtour am Wochenende gefreut, aber statt Sonne gibt es Dauerregen. Das lang ersehnte Treffen mit der Geliebten endet leider schon nach fünf Minuten im Streit; die frisch gemietete Traumwohnung entpuppt sich als kleiner Albtraum, weil der Nachbar bis nachts um zwei seinen Fernseher laufen hat und man sogar im Bett mithören muss. Aber noch schlimmer hätte es sich angefühlt, wenn man die Traumwohnung gar nicht erst bekommen hätte und unser ruheloser Geist tagelang rumgegrübelt hätte, wie viel zufriedener man in der tollen Wohnung wäre.

Selbst geschaffenes Leid und Dukkha entstehen vor allem durch unseren inneren Widerstand gegen das, was ist. Oft kämpfen wir sogar noch Jahre oder Jahrzehnte gegen Dinge an, die längst so sind, wie sie sind (»Warum hab ich damals nur ...?«, »Das hätte nicht passieren dürfen«) und die sich durch nichts verändern lassen. Wir können uns selbst oder anderen nicht verzeihen, klagen das Leben an, weil es uns übel mitgespielt hat. Wir kreisen mit unseren Gedanken um die Vergangenheit und vergessen, die Gegenwart zu gestalten. Eine knapp 50-jährige Klientin von mir litt darunter, dass ihre Schwester die Lieblingstochter ihres Vaters gewesen war. Obwohl ihr Vater längst verstorben war und ihre Schwester nichts dafür konnte, zur Lieblingstochter erkoren worden zu sein, empfand sie nach wie vor Wut und hielt ihrer Schwester immer wieder vor, wie ungerecht ihre gemeinsame Kindheit gewesen sei.

Fiese Gefühle

Wenn wir von leidvollen Erfahrungen sprechen, dann kann der Eindruck entstehen, das Belastende sei das äußere Ereignis. Doch das ist nicht ganz richtig, denn in Wirklichkeit ist das äußere Ereignis (z.B. ein Streit mit dem Partner) nur der Auslöser für ein bestimmtes Gefühl (z.B. erst Ärger und nach dem Streit Traurigkeit und Einsamkeitsgefühl). Das eigentlich schmerzhafte ist das Gefühl, nicht das Ereignis an sich.

Niemand will unangenehme Gefühle. Wer ist schon

froh, wenn er endlich wieder traurig ist oder sich verzweifelt fühlen darf? Es gibt eine ganze Reihe von Gefühlen, die besonders unbeliebt sind. Dazu gehören vor allem Traurigkeit und Verzweiflung, Angst und Panik, Ohnmacht und auch Scham. Dennoch sind auch diese Gefühle Teil unseres Lebens. Jeder von uns kennt sie, jeder hat sie schon erlebt und wird sie wahrscheinlich noch Hunderte oder Tausende Male erfahren. An sich ist gegen keines dieser Gefühle etwas einzuwenden. Sie sind alle sinnhaft und haben eine bestimmte biologische Funktion. Gefühle existieren nur, um uns zu schützen und unser Überleben sicherzustellen. Wir empfinden Angst in Situationen, die für uns bedrohlich sein könnten. Wir werden traurig, weil die Trauer eine natürliche Reaktion ist, um Verlust bewältigen zu können. Daher ist es auch nicht korrekt, von positiven und negativen Gefühlen zu sprechen, wie das gelegentlich geschieht. Es gibt keine positiven oder negativen Gefühle, es gibt nur angenehme und unangenehme.

Das Davonlaufen vor unangenehmen Empfindungen führt dazu, dass wir Dinge tun, die langfristig nicht wirklich gesund und wohltuend für uns sind. Wer ständig vor der Glotze hockt, weil ihn sonst ein Gefühl des Alleinseins beschleicht, der schaut ja nicht Fernsehen, weil es ihm so gut dabei geht, sondern nur um sich nicht einsam zu fühlen. Auf die Dauer wird das Gefühl des Alleinseins allerdings nur stärker, denn vor dem Fernseher lernt man garantiert keine neuen Freunde kennen.

Alternativ nutzen wir Alkohol, Drogen, ständiges Arbeiten und viele andere Strategien, um unseren unangenehmen Empfindungen zu entkommen.

Sobald wir vor dem Leid davonlaufen, flüchten wir also gar nicht vor der eigentlichen äußeren Situation, sondern vor unseren Gefühlen. Aber wie sollte es überhaupt gelingen, vor den eigenen Gefühlen, die ja in uns sind, davonzulaufen? Kurzfristig ist das schon möglich: Wer sich einsam fühlt und dann den Fernseher einschaltet, entgeht dieser Empfindung vielleicht für ein oder zwei Stunden. Doch das Einsamkeitsgefühl löst sich durch den Fernseher nicht einfach auf, es lauert und wartet auf uns. Im nächsten stillen Augenblick klopft es wieder bei uns an und wir müssen uns erneut ablenken, um ihm zu entkommen. Wenn ein Teil von uns versucht, vor einem anderen Teil in uns davonzulaufen, entsteht natürlich ein innerer Kampf, der mit einem hohen Energieaufwand und einem Empfinden von Anstrengung und irgendwann auch Erschöpfung verbunden ist. Das Wegdrücken von unangenehmen Empfindungen führt oft sogar zu psychischen Schwierigkeiten wie Depressionen oder Angststörungen und erschafft so neues Leid.

Smile or Die: die Gute-Laune-Maschine

Mein großes Vorbild für eine überzeugende Lebensphilosophie stellte lange Zeit die Figur Alexis Sorbas aus dem gleichnamigen und sehr erfolgreichen Film dar. Anthony Quinn spielt darin den Lebemann Sorbas, der vom Schriftsteller Basil als Vorarbeiter für sein Bergwerk angeheuert wird. Um die Stollen abzustützen, benötigen sie starke Bäume. Sorbas plant daraufhin den Bau einer Seilbahn, um die Baumstämme heranschaffen zu können. Doch bei der Eröffnung der mühsam errichteten Seilbahn bricht diese in sich zusammen. Sorbas aber lässt sich davon nicht die Laune verderben und bringt seinem Freund Basil am Strand den griechischen Volkstanz Sirtaki bei. Der Film »Alexis Sorbas« ist wohl einer der bekanntesten Filme überhaupt. Das liegt bestimmt auch an der Lebenseinstellung von Sorbas, die für viele Menschen sehr attraktiv wirkt: Selbst wenn im Leben etwas völlig schiefgeht, lässt man sich davon nicht durcheinanderbringen, sondern nimmt das Leben, wie es kommt, und gewinnt auch dem Scheitern noch etwas Positives ab.

In den Medien werden uns Menschen präsentiert, die nichts umhauen kann, die immer Herr der Lage zu sein scheinen und die freudestrahlend durch ihren Alltag hüpfen, egal, was passiert. Politiker verkünden nach einer verlorenen Wahl noch am selben Abend, die Niederlage sei ihnen erst recht ein Ansporn, um weiterzukämpfen, und in vier Jahren werde es dann sicherlich klappen. Als beim Eurovision Song Contest 2015 die deutsche Sängerin Ann Sophie null Punkte erhielt (ein katastrophaler Flop, der schon seit 50 Jahren nicht mehr vorgekommen war), stand sie am Ende der Show neben der österreichischen Gruppe »The Makemakes«, die ebenfalls von keinem Land Punkte bekommen hatte, und meinte: »Wir haben beide null Punkte und wir freuen uns darüber!« Stars und Politiker zeigen auf diese Weise: Seht her, ich lasse mich nicht kleinkriegen. Dadurch wirken sie zwar auf den ersten Blick stark, doch in Wirklichkeit tun sie nichts anderes, als Gefühle wie Schmerz, Verzweiflung, Ärger oder Scham, die durch ihr Scheitern ausgelöst wurden, öffentlich zu verleugnen. Sie tun das sicherlich auch, weil sie befürchten, als Schwächlinge oder Versager zu gelten, was sie den nächsten Erfolg kosten könnte.

Wenn man sich für ein persönlich wertvolles Ziel sehr engagiert hat und dann scheitert, ist es völlig natürlich, mit Gefühlen wie Traurigkeit und Schmerz zu reagieren. Diese Gefühle helfen uns dabei, Niederlagen zu verarbeiten und Enttäuschungen zu bewältigen. Mit Traurigkeit zu reagieren, wenn wir etwas verlieren, was uns lieb und teuer war, ist ebenso natürlich wie die Erschöpfung, die auf eine anstrengende Wanderung folgt. Wer sich nach einem Verlust traurig fühlt, bei dem ist psychisch alles in Ordnung. Wer wie Alexis Sorbas gleich nach dem Scheitern eines wichtigen Projekts zum Tanzen an den Strand geht, der muss sein eigentliches Gefühl weggeschoben haben.

Eine weit verbreitete Methode, unliebsame Erfahrungen zu vermeiden, ist das sogenannte »positive Denken«. Positives Denken bedeutet, die negativen Aspekte eines Ereignisses zu ignorieren und nur das Positive in den Mittelpunkt der Aufmerksamkeit zu stellen. Dieser alleinige Fokus auf die positiven Aspekte soll wiederum zu einer positiven Veränderung der Wirklichkeit beitragen. Besonders problematisch an der Strategie des positiven Denkens ist, dass derjenige, dem dies nicht gelingt, sich schnell persönlich verantwortlich für die eigene miese Stimmung fühlt. Neulich schilderte mir ein Klient ein eindrückliches Beispiel: Er hatte seinen Job zu einem äußerst ungünstigen Zeitpunkt verloren, denn er unterstützte seinen Sohn noch im Studium. Als er einem Freund erzählte, wie sehr ihn diese unerwartete Arbeitslosigkeit bedrücke, antwortete dieser nur: »Sei doch froh, dass du den Job los bist, du kriegst demnächst bestimmt einen noch viel besseren!« Mein Klient erzählte mir diese Szene nicht aus Ärger darüber, dass sein Freund für seine Gefühle von Niedergeschlagenheit und Verzweiflung nicht offen gewesen war. Vielmehr hielt er die Herangehensweise seines Freundes für erstrebenswert, ihm selbst wollte sie aber partout nicht gelingen: »Warum bin ich bloß immer so negativ? Wenn ich die Dinge so betrachten könnte wie er, ginge es mir bestimmt viel besser.«

Vor Kurzem erweckte eine Studie aus Kanada das Interesse der hiesigen Fachleute und Medien. Forscher hatten Versuchspersonen die Aufgabe gegeben, sich selbst immer wieder den positiven Satz »Ich bin ein liebenswerter Mensch« zu sagen. Ein Satz, der wohl keinen Schaden anrichten kann, so sollte man meinen. Die Forscher aber fanden erstaunlicherweise heraus, dass sich dieser positive Satz sehr unterschiedlich auf das Befinden der Versuchspersonen auswirkte. Letztere wurden dafür in zwei Gruppen aufgeteilt: in jene, die bereits ein hohes Selbstvertrauen hatten, und solche, die eher kritisch und negativ mit sich selbst umgingen. Das unerwartete Ergebnis war: Personen, die bereits eine hohe Meinung von sich hatten, tat der Satz gut, ihre Stimmung wurde noch besser. Wer aber ein eher negatives Selbstbild hatte, bei dem wurde die Stimmung nicht besser, sondern sogar noch gedrückter. Anscheinend aktivierte der positive Satz bei denjenigen, die ohnehin schon unter Selbstzweifeln litten, Erinnerungen an Situationen, in denen sie sich ganz und gar nicht als liebenswerte Personen empfunden hatten. Der Satz passte nicht zu ihrer inneren Grundüberzeugung, wurde nicht als wahr erlebt und aktivierte infolge dessen das vertraute Selbstentwertungsprogramm.

Vor einigen Jahren veröffentlichte die amerikanische Journalistin Barbara Ehrenreich ein viel diskutiertes Buch mit dem Titel *Smile or Die*, in dem sie mit dem Zwang, ständig gut drauf sein zu müssen, und mit der Strategie des positiven Denkens vor allem in der amerikanischen Kultur abrechnete. Dem Buch vorausgegangen waren eigene bittere Erfahrungen. Sie selbst erkrankte nämlich an Brustkrebs und musste erleben, dass niemand bereit war, sich auf ihren Schmerz und ihre Angst einzulassen und sich gemeinsam mit ihr für diese Gefühle zu öffnen. Stattdessen versuchte ihr Umfeld, ihr durch Aufmunterungen die eigenen Gefühle auszureden, und in Selbsthilfegruppen wurde ihr gesagt, sie solle dankbar für die Chance sein, die eine Krankheit wie Krebs mit sich bringen könne.

Uns fällt es offensichtlich so schwer, leidvolle Erfahrungen zu tragen, dass sie sofort umgedeutet oder bagatellisiert werden müssen. Besonders in unserer westlichen Kultur versuchen wir nur allzu oft, uns vorzumachen, es gäbe ein Leben ohne leidvolle Erfahrungen. Vor allem die Schulmedizin suggeriert uns, dass jede Krankheit in den Griff zu kriegen sei. Wenn man nur genügend grüne Smoothies trinke, für einen guten Vitamin B_{12}-Haushalt sorge, regelmäßig zu allen erdenklichen Vorsorgeuntersuchungen gehe, auf rotes Fleisch verzichte, dann werde es einen nicht erwischen. Das stimmt so aber leider nicht, denn selbst wenn man einem frühen Tod entgeht, so wird man eines Tages garantiert alt und gebrechlich.

Für viele Menschen ist die Vorstellung, vielleicht irgendwann auf ein Pflegeheim oder häusliche Pflege angewiesen zu sein, ein Albtraum. Da kommt es uns gerade recht, wenn uns vorgegaukelt wird, einem solchen Schicksal durch genügend Bewegung und vegane Ernährung vielleicht doch noch entkommen zu können. Daher liegen Bücher, die sich mit dem sogenannten »erfolgreichen Altern« oder dem »positiven Altern« beschäftigen, gerade so richtig im Trend. Mein Lieblingsbeispiel für den verzweifelten Versuch, das Altern zu verdrängen, ist das Buch *Alt werden, ohne alt zu sein: Was heute möglich ist* von Rudi Westendorp. Der Titel selbst enthält bereits einen gravierenden Denkfehler, denn wer alt wird, ist irgendwann tatsächlich alt und eine Weile später ist er dann sogar uralt, mit allem, was dazugehört: viele Medikamentenschachteln auf dem Küchentisch und etwas Schmuddel in den Ecken, weil man beim Putzen den Dreck nicht mehr sieht. Möglicherweise wird man inkontinent oder ist ans Bett gefesselt und irgendwann kann sogar der Wunsch auftauchen, einfach nicht mehr leben zu wollen.

Im Alltag versuchen wir ununterbrochen, unseren leidvollen Erfahrungen zu entkommen. Wenn Klienten oder Menschen in meinem Umfeld von schmerzhaften Erfahrungen berichten, dann hören ich von ihnen oft Aussagen wie: »Für irgendwas wird es schon gut sein«, »Es hat bestimmt seinen Sinn, auch wenn ich ihn noch nicht kenne«, »So schlimm ist das doch nicht«, »Man muss positiv nach vorne blicken.« Hinter all diesen Sätzen steckt der Versuch, ein schmerzhaftes Gefühl wegzuwischen. Die Tragik des »Smile or Die« ist, dass wir uns anstrengen, um gut drauf zu sein, und dass genau diese Verbissenheit unser Gut-drauf-Sein behindert. Wir strengen uns also an, um gute Laune zu bekommen, und in Wirklichkeit folgt daraus keine Freude, sondern es entstehen bloß Pseudogefühle, in die wir uns einzulullen versuchen.

Aus all dem sollten wir lernen: Es ergibt keinen Sinn, vor unserem eigenen Schmerz davonzulaufen, wir erschaffen nur weiteres Leid. Der Schmerz des Lebens verliert jedoch seinen Schrecken, wenn wir uns ihm gewachsen fühlen. Durch Selbstmitgefühl stellen wir uns genau dieser Herausforderung, die uns manchmal geradezu übermenschlich erscheint.

WER IST EIGENTLICH SCHULD?

Wenn etwas schiefläuft, gibt der Dauernörgler in der Regel uns die Schuld dafür. Hätten wir uns anders verhalten, dann wäre das Problem erst gar nicht aufgetreten. Folglich strengen wir uns beim nächsten Mal noch mehr an, um nicht wieder denselben Fehler zu machen. Auch für unsere Charaktereigenschaften fühlen wir uns meistens verantwortlich. Denn wir haben doch die Möglichkeit, uns für ein anderes Verhalten zu entscheiden, oder etwa nicht? Aus der Annahme, wir seien für alles, was wir tun, verantwortlich, resultieren Schuld- und Schamgefühle. Doch gerade diese Gefühle machen uns das Leben noch schwerer. Sie drücken unsere Stimmung und gehen zuweilen mit innerem Rückzug, Erstarrung und geringerer Motivation einher. Wer sich schuldig fühlt und sich schämt, der wird gewiss kein zufriedenes und erfülltes Leben führen können. Es wäre ein Segen, könnten wir ohne Schuld und Scham leben, die meisten von uns hätten es in ihrem Leben bedeutend leichter. Daher lohnt es, genauer zu klären, inwieweit wir tatsächlich Einfluss auf unser Verhalten, unseren Charakter und unsere Lebenssituation haben und wie wir unsere Schuld- und Schamgefühle überwinden können.

Wer ist der Chef in uns?

In unserem Körper laufen ständig Millionen unterschiedlicher Prozesse ab. Wie viele davon können wir bewusst beeinflussen oder gar kontrollieren? Keinen einzigen. Denn sie laufen autonom ab und unterliegen nicht unserem willentlichen Einflussbereich. »Gott sei Dank« möchte man sagen, denn wenn wir selbst dafür Sorge tragen müssten, dass der Körper seine Arbeit tut, dann würde das ganze System auf der Stelle zusammenbrechen. Wie oft hätten wir schon vergessen, zu atmen oder nach dem Essen unseren Insulinspiegel anzupassen!

Wir können nicht entscheiden, welche Botenstoffe ausgeschüttet werden, wie unsere Abwehrkräfte mit Bakterien zurechtkommen oder wie schnell unsere Haare wachsen. Auf die körperlichen Prozesse haben wir somit zunächst einmal gar keinen Einfluss. Wir können sie lediglich indirekt beeinflussen, indem wir beispielsweise mehr Sport treiben oder unsere Ernährung umstellen.

Neulich erzählte ich einer Klientin davon, dass wir auf die meisten inneren Prozesse keinen Einfluss haben und deshalb logischerweise auch keine Schuld daran tragen können. »Aber meine Gedanken«, meinte sie daraufhin, »mache ich doch selber, für die bin ich doch verantwortlich. Wenn ich schlechte Gedanken habe, bin ich ein schlechter Mensch.« Wie meine Klientin sind viele Menschen der Meinung, ihre Gedanken zu »machen«, doch auch das ist ein Irrtum. In der Umgangssprache sagen wir »Mir ist gerade eingefallen ...« oder »Mir ist der Gedanke gekommen ...« und in diesen

Formulierungen wird deutlich: Unsere Gedanken *geschehen* uns eher, als dass wir sie selber produzieren würden. In Wirklichkeit ist es nämlich so, dass wir unsere Gedanken kaum steuern können. Wer den Gedanken hat »Ich bin zu dick!«, der kann nicht einfach entscheiden, etwas anderes zu denken, beispielsweise »Ich hab eine Top-Figur.« Da hilft auch alles positive Denken nicht, der Gedanke »Ich bin zu dick!« kommt einfach. Zwar kann ich versuchen, ihm einen anderen Gedanken entgegenzusetzen, aber welchem Gedanken ich letztlich glaube – darüber habe ich keine Kontrolle.

Aber wer macht die Gedanken dann? Soweit wir heute wissen, entstehen sie durch zig Millionen von Nervenzellen, die ohne unser Zutun miteinander kommunizieren. Wenn genügend von ihnen den Inhalt »Ich würde gerne einen Spaziergang machen« haben, dann kommt uns irgendwann dieser Gedanke in den Sinn. Er wird nicht von uns gemacht, sondern er entsteht in unserem Gehirn ohne unser Zutun. Wir sind also nicht Herr über unsere Gedanken.

Nun müssen wir noch unsere Gefühle und unsere Handlungen untersuchen. Dass wir unsere Gefühle nicht nach Wunsch herstellen, sondern sie uns einfach widerfahren, ist ganz offensichtlich. Sobald es ein lautes unerwartetes Geräusch gibt, schrecken wir zusammen. Selbst wenn wir uns vornehmen, bei lauten Geräuschen ganz entspannt zu bleiben, wird unser Herz beim nächsten unerwarteten Knall wieder schneller schlagen, wir zucken zusammen und die Hände werden feucht.

Wenn ich abends durch einen dunklen Wald gehe und es knarzt im Unterholz, bekomme ich Angst. Dabei ist mir im Wald noch nie etwas passiert, und da ich ländlich wohne, werde ich außer einem Reh oder einem Wildschwein im Wald niemanden antreffen. Meistens werde ich auch noch von meinem Wachhund begleitet, so dass mir aller Wahrscheinlichkeit nach wirklich nicht viel passieren kann. Und trotzdem kommt die Angst, auf die ich nicht den geringsten Einfluss habe. Selbst wenn ich mir beruhigende Sätze sage wie »Mach dir keine Sorgen, da ist niemand« oder »Da ist einfach nur ein Tier im Unterholz«, klingt die Angst erst wieder ab, wenn ich am Ende des Waldes auf den beleuchteten Weg trete.

Auch alle anderen Gefühle kommen einfach wann sie wollen: Traurigkeit, Freude, Scham, Ärger. Vielleicht hast du es schon einmal erlebt, dass du bedrückt warst und ein Bekannter dir den Tipp gab: »Lass doch den Kopf nicht hängen, reiß dich zusammen, es gibt doch keinen Grund, traurig zu sein«. Konntest du dann auf einen Knopf drücken und die Traurigkeit war verschwunden? Du kannst höchstens versuchen, den inneren Schmerz beiseitezudrücken und dir nichts anmerken zu lassen. Aber mehr auch nicht. Selbst auf die angenehmen Gefühle wie Freude oder Neugier haben wir keinen Einfluss. Die Freude kommt, wann sie will, und sie geht, wann sie will, und ich kann nicht mehr tun, als zu genießen, wenn sie da ist, und sie zu verabschieden, wenn sie wieder gehen möchte.

Freier Wille ade

Nachdem wir nun festgestellt haben, dass wir über die Prozesse in unserem Körper sowie über unsere Gedanken und unsere Gefühle keine Kontrolle haben, wenden wir uns nun dem Handeln zu. Sicherlich sollten wir selbst bestimmen können, wie wir handeln! Schließlich kann ich doch entscheiden, jetzt in diesem Augenblick die linke Hand zu heben oder die Augen zu schließen. Durch eine Reihe von Untersuchungen wurde aber auch diese Annahme grundlegend infrage gestellt, denn wir wissen heute, dass wir selbst unser Verhalten kaum oder gar nicht beeinflussen können. Die bekannteste dieser Untersuchungen ist das sogenannte Libet-Experiment, benannt nach dem amerikanischen Hirnforscher Benjamin Libet.[1] Er forderte seine Versuchspersonen dazu auf, zu einem frei zu wählenden Zeitpunkt das Armgelenk zu bewegen. Gleichzeitig sollten sie sich merken, wo der Zeiger einer schnell laufenden Uhr stand, als sie sich entschieden, ihren Arm zu heben. Die Versuchspersonen waren dabei an Geräte angeschlossen, die ihre Hirnaktivität messen konnten. Nun zeigte sich, dass es schon etwa eine halbe Sekunde bevor sich jemand entschied, den Arm zu bewegen, eine Aktivität im Gehirn gab. Naheliegend wäre eigentlich das umgekehrte Ergebnis gewesen: Eine Versuchsperson trifft willentlich eine Entscheidung und daraufhin stellt sich die entsprechende Aktivität im Gehirn ein. Stattdessen war das Gehirn schon aktiv, bevor sich überhaupt jemand entschieden hatte, seinen Arm zu bewegen. Wie aber sollte das Gehirn wissen, dass die Versuchsperson sich gleich zur Bewegung entscheiden würde? Die logische Schlussfolgerung ist, dass die Hirnaktivität zuerst stattfand und erst danach sich das Empfinden des freien Entschlusses, den Arm gerade in diesem Moment zu bewegen, einstellte. Es kam den Versuchspersonen dieses Experiments also nur so vor, als hätten sie sich aus freien Stücken entschieden, den Arm zu bewegen. In Wirklichkeit hatte das Gehirn diese Entscheidung schon längst getroffen und erst nachträglich hatte die Versuchsperson das Empfinden, selbst die Entscheidung getroffen zu haben.

Solche Studien zeigen uns, dass wir viel weniger Herr im eigenen Haus sind, als wir glauben und uns lieb ist. Was geschieht, wenn wir eine Tafel Schokolade öffnen, um einen Riegel zu essen, und nach zehn Minuten stellen wir fest, dass zwei Drittel der Schokolade weg sind? Wer hat entschieden, die Schokolade zu essen? Vermutlich niemand. Was uns wie eine freie Entscheidung vorkommt, ist in Wahrheit ein hochgradig automatisierter Prozess, auf den wir wenig Einfluss haben. Weit über 90 Prozent von dem, was wir täglich tun und womit wir uns beschäftigen, erledigt unser Gehirn quasi ohne uns; wir bekommen die meisten dieser Prozesse nicht einmal mit und natürlich können wir deshalb auch nicht mitreden. Bei vielem ergibt es durchaus einen Sinn, dass wir nicht beteiligt sind und gefragt werden: Wir drücken aufs Bremspedal, wenn wir eine rote Ampel sehen, wir fragen uns nicht, ob wir das tun sollten, und wir denken nicht lange darüber nach, welche Vor- und Nachteile das hätte, es passiert einfach. Bei vielen anderen Verhaltensweisen wäre es aber sehr wünschenswert, ein bisschen mehr beteiligt zu werden, etwa beim Vernaschen der schon erwähnten Tafel Schokolade.

Auch auf unseren Charakter und unsere Verhaltensmuster haben wir kaum Einfluss. Früher ging man davon aus, der Mensch komme als sogenannte »Tabula rasa«, als ein unbeschriebenes Blatt auf die Welt und dieses Blatt werde nur durch die Lernerfahrungen beschrieben. Heute zeigt uns die Forschung, dass ein Großteil unserer Persönlichkeit und unserer Charakterstruktur wohl bereits bei der Geburt in uns angelegt ist. Eltern, die mehrere Kinder haben, brauchen keine Studien, um zu wissen, wie unterschiedlich ihre Kinder auf die Welt gekommen sind. Das eine Kind war immer eher gern allein, das andere freute sich von Anfang an über möglichst viele Spielkameraden.

Später werden wir durch unsere Lebensumstände und Lebenserfahrungen geprägt, und auch auf sie haben wir oft keinen Einfluss. Wer in eine sizilianische Mafiafamilie hineingeboren wird, bewegt sich womöglich später in denselben Kreisen. Wer in einer musischen Familie aufwächst, spielt später vielleicht drei Musikinstrumente und liest gern Rilke. In welche Familie wir hineingeboren werden, was wir in unserer Kindheit und Jugend erleben, entzieht sich unserem Einfluss. Wir Menschen sind das Ergebnis unserer genetischen Programmierung und der Konditionierung, die wir erfahren haben.

Wir müssen also feststellen, dass weder unsere Körperprozesse, noch unsere Gedanken, Gefühle, Handlungen oder Charakterstruktur unserer Kontrolle unterliegen. Man müsste viel eher sagen, dass die Körperprozesse, Gedanken, Gefühle und Handlungen *geschehen*, ohne dass wir vorher um unser Einverständnis gebeten wurden. Wären wir der Herr im Haus, dann würden wir uns wohl nur angenehme Gedanken und schöne Gefühle machen. Ebenso würden wir bloß Dinge tun, die sich für uns gut und richtig anfühlen. Es ist somit recht offensichtlich, dass wir nicht so viel zu melden haben, sonst würden die meisten von uns ihr Leben auf der Stelle anders gestalten.

Neulich beobachtete ich einen kleinen Jungen auf einem Kinderkarussell. Er saß ganz allein in einem Feuerwehrauto, vor ihm ein Pferd und hinter ihm ein grüner Hubschrauber. Vollkommen aufmerksam hielt er das Lenkrad etwas nach links gedreht in Fahrtrichtung des Karussells. Er hatte keine Zeit, seinen Eltern zuzuwinken, denn er war ganz davon in Beschlag genommen, die Richtung zu halten, um nicht mit dem Pferd vor ihm zusammenzustoßen. Er hatte wohl Angst, zu schnell zu fahren und die Kurve nicht zu kriegen. Genau wie dem kleinen Jungen ergeht es uns in unserem Leben: Wir strengen uns ungemein an, alles richtig zu machen, doch in Wirklichkeit gibt es kaum etwas zu tun. Das Kinderkarussell dreht seine Runden, das Feuerwehrauto ist fest montiert, der kleine Junge könnte freudestrahlend sein Eis schlecken und seinen Eltern zuwinken.

Die Auseinandersetzung mit dem Umstand, dass wir bedeutend weniger kontrollieren können, als wir gemeinhin glauben, kann uns ziemlich verunsichern. Die Diskussion darüber, wie viel freien Willen wir tatsächlich noch haben, wird gegenwärtig unter Wissenschaftlern und teilweise auch schon in der Öffentlichkeit sehr hitzig geführt. Es würde unser gesamtes Selbstverständnis verändern, wenn wir uns eingestehen würden, wie autonom die meisten Prozesse in uns ablaufen.

Lass dir einen Moment Zeit um wahrzunehmen, wie du auf die Gedanken in diesem Abschnitt reagierst. Stellt sich Erleichterung oder Ärger ein? Regt sich in dir Protest oder leuchten dir die Gedanken spontan ein?

Wie viele bin ich?

In der Psychotherapie herrschte lange Zeit die Vorstellung, der Klient sei eine zu freier Entscheidung fähige Person. Wenn man von dieser Annahme ausgeht, liegt es nahe, dass man versucht, den Klienten davon zu überzeugen, sich für das zu entscheiden, was für ihn richtig und gesund ist. Beispielsweise liefert man dem Alkoholiker Argumente dafür, warum es besser wäre, mit dem Trinken aufzuhören. Nur: Der weiß das ja längst und hat selbst schon zigmal versucht aufzuhören, er schafft es aber nicht. Die Tatsache, dass sich jemand therapeutische Hilfe holt, ist eigentlich schon der Beweis für die nicht vorhandene Kontrolle über das eigene Leben. Gäbe es den freien Willen wirklich, so würde kaum noch jemand Hilfe brauchen und die meisten Psychotherapeuten wären arbeitslos.

In den letzten Jahren ist auch die Idee, dass der Mensch eine einheitliche Person, ein ICH ist, ins Wanken geraten. Heute tauchen in psychologischen Veröffentlichungen Begriffe auf wie plurales Ich, Teil-Iche, Modi, oder auch soziales Ich, womit gemeint ist, dass wir in unterschiedlichen sozialen Bezügen nicht nur verschiedene Rollen spielen, sondern sozusagen auch andere Personen sind. Zunehmend wird daran gezweifelt, ob es ein homogenes Ich überhaupt gibt. Eigentlich ist das nicht sonderlich originell, sondern deckt sich mit einer Alltagserfahrung, die wir wohl alle kennen: dass wir nämlich nicht immer gleich sind, sondern uns in sehr unterschiedlichen Zuständen befinden können. Wir können morgens mit unserem Leben ganz zufrieden sein und abends denken, wir müssten alles auf den Kopf stellen. Neulich sagte ein Klient, der wegen einer Burnout-Thematik zu mir kam: »Wenn ich hier bei Ihnen auf dem Sessel sitze, ist alles immer so klar«. Er wusste dann nämlich ganz genau, dass er seine 100-Stunden-Arbeitswoche nicht länger durchhalten konnte und Tinnitus und Bluthochdruck klare Alarmzeichen waren. Wenn er aber wieder im Büro saß, plapperte der innere Antreiber: »So viel ist das alles doch gar nicht, andere schaffen es schließlich auch.«

Die unterschiedlichen inneren Zustände, in denen wir sein können, werden heute oft als »Modi« bezeichnet. Modi sind emotional-kognitive Zustände, in denen wir uns befinden und die sogar konträr zueinander stehen können. Im einen Augenblick beschimpft man voller Wut den eigenen Partner oder die Kinder, nur um sich vielleicht schon Minuten später für die Gemeinheiten zu entschuldigen, die man dem anderen gerade an den Kopf geworfen hat. Wer ist jetzt das »wahre Ich«? Der vor Wut Kochende oder der sich kleinlaut Entschuldigende? In der Regel gehen wir davon aus, dass wir von diesen verschiedenen Personen der Gute sind und der andere (der Böse) zwischenzeitlich irgendwie von uns Besitz ergriffen hat. Wir benutzen dafür Formulierungen wie »Ich war außer mir«, »Ich weiß auch nicht, was in mich gefahren ist« oder »Es ist über mich gekommen«. Wir möchten dabei die Idee retten, dass es eine eigentliche (gute) Person gibt und daneben noch so einen kleinen Teufel, der zwischendurch von uns Besitz ergreift. Doch womöglich kommt da nicht etwas über uns, sondern wir bestehen aus sehr unterschiedlichen Anteilen, die mehr oder weniger gut miteinander verbunden sind. Manchmal, vor allem in Stresssituationen, kippen wir schneller von einem Zustand in einen anderen Zustand. Es gibt auch Phasen, in denen unser Hormonsystem verrücktspielt, beispielsweise wenn wir verliebt sind, während oder nach einer Schwangerschaft, vor der Regelblutung. Im einen Augenblick sind wir dann vielleicht noch guter Dinge, im nächsten schon zu Tode betrübt.

Diese verschiedenen Anteile in sich zu haben, ist etwas ganz Normales. Das zu wissen ist wichtig, weil wir oft sehr verunsichert sind oder sogar Angst bekommen, wenn wir Teile unserer Person kennenlernen, die uns bisher fremd waren. Für einen mitfühlenden Umgang mit sich selbst ist es hilfreich, sich bewusst zu machen, dass in uns Impulse oder Gedanken auftreten können, die wir als sehr negativ bewerten und von denen wir nicht möchten, dass sie ein Teil von uns sind.

Nichts gemacht und trotzdem schuld?

Was aber haben der nicht vorhandene freie Wille und die Tatsache, dass wir kein einheitliches Ich sind, mit unserem Thema, dem Selbstmitgefühl, zu tun? Wer

Mist baut und glaubt, dass er sich für diesen Mist selbst entschieden hat, der wird mit ganz typischen Gefühlen darauf reagieren, nämlich mit Empfindungen von Scham, Schuld und vielleicht auch noch Minderwertigkeit. Wer gern abnehmen möchte, aber beim Sonntagsbrunch so richtig zugeschlagen hat, der wird sich anschließend dafür verurteilen: »Wie kann ich nur so blöd sein, all das Essen in mich hineinzustopfen, ich weiß doch, dass ich davon dick werde.« Die Schlussfolgerung lautet dann schnell: »Mir ist wirklich nicht zu helfen.«

Neulich erzählte mir eine Klientin eine Konstellation, die ganz typisch ist. Sie geriet immer wieder mit ihren Eltern aneinander. Manchmal provozierte sie sogar Streit, denn ihr war klar, womit sie ihren Vater oder ihre Mutter ärgern konnte, und wenn es besonders schlimm kam, ließ sie keine Gelegenheit aus, um gemein zu ihren Eltern zu sein. Das Schlimme war, sie wusste genau, wie sie sich hätte verhalten müssen, um mit ihren Eltern friedlich zusammenzuleben. Anschließend verurteilte sie sich dafür und fand ihr Verhalten einfach nur krank. Die Selbstverurteilung bewirkte bei ihr, dass sie auf sich sauer wurde, und dieser Ärger auf sich selbst führte wiederum dazu, dass sie ihre Eltern öfter provozierte. Der Teufelskreis war perfekt:

Eltern provozieren → schlechtes Gewissen → Eltern noch mehr provozieren.

Wir schämen uns also für Handlungen, Gefühle und Gedanken, die wir gar nicht selber machen und die wir – wenn überhaupt – auch nur zu einem sehr kleinen Teil beeinflussen können. Aber das ergibt keinen Sinn!

Warum sollte man sich für etwas schämen, das man gar nicht selbst verursacht hat? Wenn es meiner Klientin möglich gewesen wäre, hätte sie sich natürlich sofort anders verhalten, schließlich wünschte sie sich sehnlich ein harmonisches Zusammensein mit ihren Eltern. Offensichtlich war ihr diese Verhaltensoption nicht zugänglich.

Scham und Schuld sind sogenannte »soziale Gefühle«, sie beziehen sich nicht auf direkte Bedrohungen wie etwa Angst und Ärger, sondern haben die Funktion, unsere Integration in die Gruppe zu sichern. Über Hunderttausende von Jahren waren wir Menschen allein nicht überlebensfähig, sondern waren auf den Zusammenhalt in der Gruppe angewiesen. Scham- und Schuldgefühle treten dann auf, wenn Gefahr besteht, aus der Horde geschmissen zu werden. Der Schutzmechanismus, um das zu vermeiden, wird gesteuert durch die Frage »Was denken die anderen über mich?« Wenn ich befürchte, dass die anderen schlecht über mich denken, schäme ich mich und fühle mich schuldig. Mir schießt die Schamesröte ins Gesicht, was für die anderen das Signal ist: »Der hat begriffen, dass er das nicht machen darf«, und die Gruppe ist besänftigt. So sinnvoll diese Empfindungen in früheren Jahrtausenden gewesen sein mögen, heute sind die meisten Schamgefühle überflüssig. Wenn wir beim versehentlichen Schwarzfahren erwischt werden, ist Scham wenig sinnvoll. Zahlen müssen wir trotz Schamesröte, da kennt der Kontrolleur in der Regel kein Pardon.

Schuld und Scham sind Gefühle, die dann berechtigt sind, wenn wir uns wirklich mies verhalten haben.

Dann ergeben sie einen Sinn, denn sie können uns helfen, dieses Verhalten zukünftig zu vermeiden. Aber solche Gründe für Schuld und Scham gibt es nicht so viele: willentlich jemandem schaden, jemanden anlügen oder betrügen, jemanden hintergehen.

Mit Scham und Schuld haben wir heute aber meistens zu kämpfen, weil wir von unserem inneren Kritiker verurteilt werden und nicht, weil wir uns wirklich schuldig gemacht hätten. Der Dauernörgler verurteilt uns für unser Verhalten, für eine unserer Eigenschaften oder unsere Lebenssituation im Allgemeinen und wir reagieren mit Schamgefühlen. Die Folge der Scham sind oft Rückzug und Passivität, bis hin zur Erstarrung. Im Volksmund heißt es, man wolle vor Scham im Boden versinken: Wir wünschen uns unsichtbar zu werden vor lauter Scham. Da wird man nicht aktiv und offensiv nach außen gehen, sondern möchte sich eher verstecken. Scham und Schuldempfindungen reduzieren daher auch unsere Motivation. Wer mit dem Rauchen aufhören möchte und sich dafür schämt, dass es immer noch nicht geklappt hat, dem macht es die Scham noch schwerer, endlich Nichtraucher zu werden.

Selbstmitgefühl bedeutet, nicht unfair zu sich zu sein. Aber genau das sind wir, wenn wir uns beschuldigen und schämen für Verhaltensweisen und Gefühle, die uns eher widerfahren, als dass wir sie bewusst oder aktiv initiieren. Schämen wir uns etwa auch für den blauen Fleck, der am Körper entstanden ist, als wir uns neulich an der Türklinke gestoßen haben? Oder dafür, dass uns die Augen tränen, wenn wir starker Zugluft ausgesetzt sind? Oder wenn wir furzen? Sich für etwas zu verurteilen und zu schämen, das wir nicht oder kaum beeinflussen konnten, ist nicht fair und ergibt keinen Sinn, denn weder hilft es uns noch unterstützt es uns dabei, diese Verhaltensweise zu ändern. Sobald wir uns darüber im Klaren sind, können wir viel leichter einfach beobachten, was geschieht. Wir können bestimmte Eigenschaften und Verhaltensweisen an uns bedauern und können uns Veränderungen wünschen, die dann sogar leichter gelingen, weil wir innerlich nicht auch noch mit der Selbstverurteilung zu kämpfen haben, sondern unsere Energie auf die wirkliche Veränderung konzentrieren können. Außerdem ist es viel leichter, mit möglichem Scheitern zurechtzukommen, wenn dafür keine Verurteilung stattfindet.

Lass dir etwas Zeit, um herauszufinden, für welche deiner Verhaltensweisen oder Eigenschaften du dich schämst. Vielleicht ist es eine bestimmte Charaktereigenschaft, vielleicht ein Verhalten, das im Alltag öfter vorkommt?

Und nun mache dir klar, wie viel Einfluss du tatsächlich auf diese Verhaltensweise oder Eigenschaften hast. Du kannst einschätzen, ob du gar keinen, wenig oder viel Einfluss hast.

Ist es wirklich fair, dich dafür zu verurteilen?

MITGEFÜHL MIT SICH SELBST

Selbstmitgefühl bedeutet, freundlich, verständnisvoll und einfühlsam mit sich umzugehen. In etwa so, wie wir mit den Menschen umgehen, die wir besonders gernhaben. Wir begegnen unseren schmerzhaften Empfindungen mit Mitgefühl und sind bereit, auch unangenehme Gefühle wahrzunehmen und uns diesen zu öffnen. Einen solchen Umgang mit sich zu pflegen, ist natürlich vor allem dann wünschenswert, wenn es einem nicht gut geht. Wenn die Dinge nicht »rundlaufen«, wenn die Partnerschaft auf der Kippe steht, wenn etwas richtig misslingt, man krank wird oder einfach nicht mehr weiterweiß, dann brauchen wir jemanden, der mitfühlend und geduldig mit uns umgeht, der einfach da ist, ohne uns schlaue Tipps zu geben, und der auch unangenehme Empfindungen gemeinsam mit uns trägt, so dass wir sie nicht verstecken müssen. Meistens richten wir diesen Wunsch nach außen: Wir wünschen uns von unserem Partner, unseren Eltern oder Freunden, dass sie sich so verhalten. Manchmal tun sie das, manchmal aber auch nicht und dann reagieren wir oft mit Ärger oder Rückzug und sind vom anderen enttäuscht. Doch warum verlangen wir eigentlich vom anderen, dass er verständnisvoll und mitfühlend mit uns umgeht, wenn nicht einmal wir selbst dazu in der Lage sind? Wäre es nicht viel wünschenswerter, wenn erst mal *wir* uns einen liebevollen Umgang mit der eigenen Person angewöhnen würden? Schließlich sind wir rund um die Uhr mit uns zusammen. Da liegt es auf der Hand, dass ein freundlicher Umgang mit uns selbst zwangsläufig mehr bewirken kann als die Reaktionen unseres Umfeldes! Er ist auch die Voraussetzung dafür, dass die freundlichen Worte und Gesten von außen überhaupt bei uns ankommen, denn wenn wir uns selbst kritisieren, dringen Lob und freundliche Worte anderer oft gar nicht zu uns durch. Umgekehrt macht uns eine liebevolle Haltung uns selbst gegenüber viel stabiler im Umgang mit Kritik von außen. Wehe aber, wenn wir nicht zu Selbstmitgefühl in der Lage sind und *unser* Umfeld alles andere als freundlich mit uns umgeht – dann sind Krisen und »innere Abstürze« geradezu vorprogrammiert.

Um Selbstmitgefühl zu erfahren, ist es meistens hilfreich, sich das Mitgefühl anderer Menschen bewusst zu machen. Lass dir einen Moment Zeit, um einen Menschen oder ein Tier auszumachen, von dem du dich so angenommen fühlst, wie du bist. Vielleicht ist es ein Mensch, zu dem du noch heute Kontakt hast. Oft fallen einem aber auch Personen aus der Kindheit ein, wie zum Beispiel die Großmutter oder der Großvater, ein Lehrer oder jemand aus der Nachbarschaft, ein Freund der Familie, eine Tante oder ein Onkel. Für diese Übung kannst du dir auch eine Phantasiegestalt vorstellen und wenn du ein liebevolles Gottesbild hast, natürlich auch Gott oder eine andere Figur aus dem religiösen Bereich. Wichtig ist, dass du dich von dieser Person oder diesem Wesen vollkommen angenommen und geliebt fühlst.

Mir kommt bei dieser Übung als Erstes meine Großmutter in den Sinn. Ich sehe sie am Küchentisch sitzen, wie sie ihren Enkelkindern geduldig und verständnisvoll zuhörte. Tief in mir konnte ich die Zuneigung fühlen, die meine Oma mir entgegenbrachte. Ich hatte nie den Eindruck, dass sie mich anders haben wollte, als ich war. Sie war einfach für mich da und hatte unglaublich viel Zeit. Ich verbrachte bei ihr viele traumhafte Sommerwochen, in denen ich mich pudelwohl fühlte. Neulich erzählte mir jemand von der eigenen Großmutter, die zu ihren Enkeln immer sagte: »Bei mir sind alle Kinder lieb.« Damit wollte sie nicht sagen, dass ihre Enkelkinder bei ihr immer besonders brav waren. Sie drückte vielmehr ihr eigenes Wohlwollen den Enkelkindern gegenüber in Kindersprache aus.

Und an welche Person oder welches Wesen denkst du? Von wem hast du dich wirklich angenommen gefühlt oder tust es auch heute noch?

Nun lass dir etwas Zeit um zu spüren, welche Empfindungen in dir ausgelöst werden, wenn du an die Liebe und das Wohlwollen dieser Person oder dieses Wesens denkst. Du kannst ruhig für einen Moment das Buch beiseitelegen und die Augen schließen.

Vielleicht ist dir wohlig zumute und dein Körper ist gelöst? Möglicherweise hat sich in dir Ruhe ausgebreitet oder Anspannung konnte abfließen? Vielleicht stieg Dankbarkeit oder Verbundenheit in dir auf oder du warst von einem Gefühl von Liebe tief berührt?

Und nun lass dir noch einen weiteren Augenblick Zeit, um dir einen Menschen oder ein Wesen vorzustellen, das *du* liebst und dem *du* deine ganze Freundlichkeit entgegenbringst. Vielleicht ist es dein Partner, dein Kind, dein Enkelkind, ein Elternteil oder Haustier. Du kannst dir innerlich vorstellen, wie du dieser Person alles erdenklich Gute wünschst und hoffst, dass es ihr wohl ergehen möge. Du kannst auch innerlich die Worte sprechen: »Möge es dir wohlergehen, mögest du glücklich sein.«

Und nun spüre auch diesmal, welche Empfindungen in dir ausgelöst werden. Du kannst wieder kurz die Augen schließen und deinen Körper wahrnehmen.

Interessanterweise werden oft die gleichen Empfindungen ausgelöst, wenn wir von einem Menschen mit Mitgefühl und Wohlwollen bedacht werden oder wenn wir einem anderen Mensch mit Mitgefühl und Wohlwollen begegnen. Mitgefühl ist mit ganz bestimmten Empfindungen verbunden, meistens sind es die drei Ws: Weichheit, Weite und Wärme. Oft werden auch Leichtigkeit und ein Fließen im Körper wahrgenommen. Meistens treten diese Empfindungen im Oberkörper auf, etwa in der Brust beziehungsweise der Herzregion. Aber auch an anderen Körperstellen können Weichheit, Weite und Wärme auftreten, manchmal auch am ganzen Körper. Die gegenteiligen Empfindungen sind Härte, Enge und Kälte. Sie spüren wir beispielsweise wenn wir in Eifersucht, Gier, »kaltem Hass«, in Rachephantasien oder ängstlichem Misstrauen gefangen sind. In manchen Märchen werden Hexen oder griesgrämige Stiefmütter beschrieben, die sich durch Härte und Kälte auszeichnen. Umgekehrt werden liebevolle Eltern oft durch die drei Ws charakterisiert.

Der Begriff Selbstmitgefühl ist relativ neu. Auch das Konzept von Mitgefühl ist im Westen noch nicht sehr verbreitet. Letzteres geht auf die buddhistische Lehre zurück und bedeutet, dass wir uns wünschen, andere Wesen mögen frei von Leiden sein. In der westlichen Psychologie wurden jahrzehntelang eher Begriffe wie Selbstakzeptanz, Selbstzuwendung, Selbstfürsorge oder Selbstliebe benutzt. In manchen Punkten ähneln sie dem Selbstmitgefühl, doch es gibt wesentliche Aspekte, in denen sie sich vom Selbstmitgefühl unterscheiden. So wird beim Selbstmitgefühl das Leid nicht ausgeblendet, sondern bewusst in den Fokus genommen.

Die amerikanische Psychologin Kristin Neff begann schon um die Jahrtausendwende mit ersten Forschungsarbeiten zum Thema Selbstmitgefühl und mit dem Versuch, überliefertes buddhistisches Wissen in die westliche Psychotherapie zu integrieren. Sie bringt Selbstmitgefühl hauptsächlich mit den drei folgenden Elementen in Verbindung:

1. *Achtsamkeit:* Wir nehmen unsere Körperempfindun-

gen, Gedanken oder Gefühle achtsam wahr. Wir sind auch den unangenehmen Empfindungen und leidvollen Erfahrungen gegenüber offen und drängen sie nicht beiseite.

2. *Gemeinsame menschliche Erfahrung:* Wir sind uns dessen bewusst, dass alle Menschen schmerzhafte Erfahrungen machen, dass diese Erfahrungen zum Menschsein dazugehören und wir mit unserem Schmerz nicht allein sind.
3. *Selbstfreundlichkeit:* Wir verurteilen uns nicht für unser Erleben und geben uns nicht die Schuld dafür, sondern wir gehen wohlwollend und freundlich mit uns um.

Diese drei wichtigen Bestandteile des Selbstmitgefühls beschreiben eine innere Haltung den eigenen Empfindungen gegenüber. Alle drei Aspekte bilden eine Einheit. Sie verhalten sich wie ein Dreieck, denn erst die drei Ecken gemeinsam ergeben eine Form und keines darf fehlen.

Du kannst diese drei Elemente, Achtsamkeit, gemeinsame menschliche Erfahrung und Selbstfreundlichkeit, in einer Übung ganz leicht erfahren. Suche dafür eine schwierige Empfindung, die jetzt gerade da ist oder an die du dich noch ganz deutlich erinnerst. Vielleicht spürst du momentan irgendwo in deinem Körper einen Schmerz oder eine andere körperliche Missempfindung? Möglicherweise bist du müde, angespannt oder unruhig? Du kannst dich auch an eine schwierige Situation erinnern oder an ein Ereignis, das dir noch bevorsteht. Kannst du solch eine Empfindung oder eine Begebenheit finden?

Der erste Baustein ist die Achtsamkeit, und das bedeutet ganz einfach, der eigenen Empfindungen gewahr zu werden. Du kannst dir einen Moment Zeit lassen, um zu erkunden, wie sich die Empfindungen in dir genau anfühlen. Du kannst den Schmerz oder die körperliche Missempfindung so genau wie möglich wahrnehmen. Welches Gefühl taucht auf, wenn du an das zukünftige oder vergangene Ereignis denkst? Lass dir Zeit, um diese körperlichen Empfindungen und Gefühle zu spüren.

Nun kannst du dir bewusst machen, dass du mit dieser Erfahrung nicht allein bist. Andere Menschen haben ganz ähnliche Erlebensweisen wie du. Falls du eine körperliche Missempfindung spürst, kannst du dir bewusst machen, dass Schmerzen zum Leben dazugehören. Wenn du ein unangenehmes Gefühl wie Angst oder Traurigkeit verspürst, kannst du dir sagen, dass jeder Mensch diese Gefühle kennt.

Du kannst dir selbst mit Freundlichkeit begegnen, indem du dir klarmachst, dass diese Empfindungen auch wieder abklingen oder sich verändern. Du kannst achtsam dafür sein, ob du dich innerlich verurteilst. (»Du hast schon so lange diese Verspannung in der Schulter, du bist selber schuld, du hast ja wieder kein Yoga gemacht und gestern hast du dich den ganzen Tag fast nicht bewegt.«) Wenn du eine Verurteilung bemerkst, kannst du sie loslassen und stattdessen anerkennen, dass diese Empfindung nicht ganz einfach für dich ist.

Auf die Haltung kommt es an

Auf den ersten Blick könnten wir Mitgefühl und Selbstmitgefühl für Gefühle halten, schließlich ist sogar das Wort »Gefühl« ein Teil der Begrifflichkeit. Doch in Wirklichkeit sind es keine Gefühle, sondern es handelt sich eher um eine innere Haltung, die wir uns selbst und anderen Menschen gegenüber einnehmen können. Dabei geht es nicht in erster Linie um ein bestimmtes Verhalten, sondern um die Haltung hinter der Handlung. An unserem Handeln können wir zunächst noch nicht erkennen, ob es von Selbstmitgefühl getragen ist oder nicht.

Regelmäßig Sport zu treiben kann Ausdruck einer großen Freundlichkeit mit sich und einer guten Verbindung zum eigenen Körper sein; es wird gespürt, dass der Körper Bewegung braucht und genießt. Es kann aber auch Ausdruck einer sehr kritischen Haltung sich und dem eigenen Körper gegenüber sein: »Ich muss topfit sein, sonst bin ich nichts wert«. In diesem Fall wird man den Körper wahrscheinlich irgendwann überfordern oder ihn während des Sports gar nicht wahrnehmen.

Wenn ein Vater sein Kind plötzlich am Arm packt und wegreißt, kann das Ausdruck von Ärger über das Kind sein oder Ausdruck von Fürsorge, weil der Vater sein Kind vor einer Gefahr schützen möchte.

Weil es in diesem Buch um eine selbstmitfühlende *Haltung* geht, gibt es keine Empfehlungen auf der Handlungsebene. Du findest hier keine Tipps wie: »Gehe regelmäßig zum Yoga« oder »Gönn dir mal was Schönes«. Denn selbst wenn wir Yoga machen, wäre immer noch die Frage, ob das aus einer Haltung des Selbstmitgefühls heraus geschieht. Eine Yogalehrerin, die in der zwölften Woche schwanger war, erzählte mir, dass sie mit dem Yoga ausgesetzt habe, weil sie viele ihrer vertrauten Asanas nicht mehr machen könne und sich schlecht dabei fühle zu bemerken, dass ihr Körper weniger beweglich sei. Für sie hatte Yoga mehr mit Leistung als mit Selbstfreundlichkeit zu tun. Sie fühlte sich stark und erfolgreich, wenn ihr bestimmte Übungen gelangen, und als Versagerin, wenn das nicht der Fall war.

Aus diesem Grund gibt es also keine Tipps und Verhaltensanweisungen in diesem Buch. Dabei haben wir es meistens ganz gern, wenn uns konkret gesagt wird, was wir tun sollen, schließlich möchten wir das mit dem Selbstmitgefühl ja auch »richtig« machen. Doch es ist wie beim Erlernen einer neuen Sprache, es reicht nicht aus, einfach ein paar Sätze auswendig zu lernen. Formulierungen lernt man auswendig, wenn man die Sprache gerade *nicht* beherrscht. Man lernt dann den Satz »Guten Tag, ich möchte eine Zugfahrkarte kaufen«, bevor man in einem fremden Land an den Bahnschalter tritt. Wer dann in der fremden Sprache gefragt wird, ob er lieber im Großraumwagen oder im Abteil reservieren möchte, der hat ein Problem. Leider vermitteln viele Ratgeberbücher gerade solche Tipps. Es wird so getan, als müsse man bestimmte Dinge tun, und dann sei man selbstmitfühlend oder liebevoll. Trau niemandem, der dir solche Empfehlungen gibt, denn folgende Falle ist vorprogrammiert: Du nimmst dich selbst und deine eigenen Bedürfnisse weiterhin gar nicht wahr. Und falls du beim Umsetzen der Empfehlungen scheiterst, verurteilst du dich womöglich dafür.

Echtes Selbstmitgefühl wächst durch eine neue Haltung uns selbst gegenüber, und dieser Wachstumsprozess braucht Zeit und inneres Engagement. Langsam, Schritt für Schritt entwickelt sich die innere Klarheit, dass es einem gut gehen darf, dass man freundlich mit sich umgehen darf und dass man diese Freundlichkeit vor allem in schwierigen Zeiten besonders nötig hat und verdient. Gleichzeitig wächst die Wahrnehmungsfähigkeit dafür, was hilfreich ist und was nicht.

Die Entwicklung von Selbstmitgefühl verläuft in verschiedenen Phasen. Ich habe lange gedacht, ich hätte bereits eine selbstmitfühlende Haltung entwickelt, weil die kritischen Stimmen in mir im Laufe der Jahre immer stiller wurden und eines Tages fast ganz verstummten. Irgendwann hörte der größte Teil des »Ich sollte …« und »Ich müsste …« auf. Ich hatte gelernt, mich nicht ständig zu überfordern und meine Grenzen zu achten. Ich konnte ein freundliches Selbstgespräch führen und war immer wieder in der Lage, der verletzten Seite in mir mit Wohlwollen und Annahme zu begegnen. Ja, und deshalb dachte ich: Das mit dem Selbstmitgefühl hab ich jetzt raus! Später zeigte sich dann aber, dass ich mit dieser Einschätzung ganz schön danebenlag, denn auch wenn die kritischen Kommentare über das eigene Verhalten langsam verstummen, begegnet man sich längst noch nicht immer mit Freundlichkeit. Mir wurde klar, dass ich mich weiterhin durch Beschönigungen und Ablenkung vor schmerzhaften Empfindungen drückte. Außerdem stellte ich eine diffuse Selbstverurteilung fest. Es erklang zwar nicht mehr die laute innere Stimme, aber es war immer noch die Grundüberzeugung da, anders werden zu müssen.

Selbstmitgefühl ist kein *Ziel,* das man irgendwann erreicht hat: Ab jetzt bin ich für immer und ewig selbstmitfühlend. Selbstmitgefühl ist vielmehr ein *Wert,* dem wir uns anzunähern versuchen, um den wir fortwährend ringen. Manchmal gelingt es uns ganz gut und manchmal scheitern wir. Ein Vater kann den Wert haben, geduldig mit seinen Kindern umzugehen. Wenn er darum ringt, gelingt es ihm vielleicht relativ oft, aber manchmal, kurz vor den lang ersehnten Ferien oder nach einem stressigen Arbeitstag, wird er doch mal laut. Es ist wichtig, dass wir Selbstmitgefühl nicht als Ziel verstehen, denn dann ist die Gefahr groß, dass wir uns dafür verurteilen, wenn wir uns wieder einmal nicht selbstmitfühlend verhalten haben: »Ich weiß doch, wie wichtig es ist, freundlich mit mir umzugehen und jetzt hab ich's wieder nicht hinbekommen. Ich bin selber schuld, wenn es mir nicht gut geht.«

Das Beruhigungs- und Sicherheitssystem

Selbstmitgefühl ist eng verbunden mit einem unserer biologisch verankerten emotionalen Systeme, und zwar jenem, dass für Sicherheit und Geborgenheit zuständig ist. Es gibt, grob gesagt, drei emotionale Systeme in uns, die zu unterschiedlichen Zeiten aktiv sind und unser inneres Empfinden und unser Handeln beeinflussen. Alle drei Systeme gehen mit der Ausschüttung bestimmter Hormone einher.

Das erste emotionale System kann als »Bedrohungssystem« bezeichnet werden. Wer sich von jemandem bedroht fühlt, wird entweder wütend oder bekommt es mit der Angst zu tun und bringt sich in Sicherheit. Dieses Bedrohungssystem schützt uns vor allem über die Reaktionen Kampf oder Flucht vor Gefahren. Das Bedrohungssystem ist oft aktiviert.

Das zweite können wir als »Neugierdesystem« bezeichnen. Wir sind aktiviert, wenn etwas Neues auf uns zukommt. Dabei kann es sich um eine Fernreise handeln, um einen neuen Job oder um die ersten Tage oder Monate an einem neuen Wohnort. Wir fühlen uns lebendig und voller Elan, können mitunter aber auch etwas überdreht sein. Das Neugierdesystem hilft uns beim Überleben, indem es uns antreibt, Neues kennenzulernen.

Das dritte System ist das Beruhigungssystem und dieses System ist für unser Verständnis von Selbstmitgefühl zentral. Sobald wir uns sicher und geborgen fühlen, stellen sich Empfindungen von Zufriedenheit und Wohlbefinden ein. Wir entspannen uns und können innerlich ganz loslassen.

Ich kann diese drei emotionalen Systeme tagtäglich bei unserer Hündin Mouna beobachten. In den Angstmodus gerät sie, wenn ihr zum ersten Mal ein bisher unbekanntes Objekt auffällt, zum Beispiel ein Müllauto. Der Schwanz ist eingezogen und sie ist jederzeit zur Flucht bereit. Wenn Herrchen dann tapfer vorausgeht, lässt der Angstmodus langsam nach und sie wechselt in den Neugierdemodus, in dem sie dann voller Interesse das Unbekannte erkundet. Im Neugierdemodus ist sie auch, wenn wir gemeinsam in den Wald gehen, sie überall schnüffeln darf und ganz aufgeregt irgendwelchen Fährten folgt. In den dritten Zustand, den Beruhigungsmodus, kommt sie fast nur, wenn sie sich wirklich sicher fühlt, wenn das ganze Rudel in der sicheren Höhle beisammen ist und sie abends mit Frauchen und Herrchen vor dem Kamin liegen darf. Sie wirft sich dann auf den Rücken, streckt alle viere von sich und lässt sich den Bauch kraulen.

Diese unterschiedlichen emotionalen Systeme sind nie gleichzeitig aktiviert, auch wenn der Wechsel vom einen in den anderen Zustand durchaus abrupt erfolgen kann. Wir befinden uns entweder im Angst- oder im Neugierde- oder im Beruhigungsmodus. Für unser Wohlergehen brauchen wir eine gute Mischung dieser drei emotionalen Zustände, denn alle drei sind für unser Überleben notwendig. Wenn jedoch das Gleichgewicht nicht stimmt, stellen sich psychische Schwierigkeiten ein. Wer beispielsweise aufgrund einer Traumaerfahrung überwiegend im aktivierenden Angstmodus ist, kann innerlich kaum noch zur Ruhe kommen. Schlafstörungen und eine körperliche Übererregung können dann die Folge sein. Wer sich zu oft im Neugierdemodus befindet, beispielsweise weil er beim Job sehr engagiert ist, von einem Termin zum nächsten hetzt und bis spät in die Nacht arbeitet, wird irgendwann ausbrennen und vor Erschöpfung zusammenbrechen. In beiden Fällen ist das Beruhigungssystem zu selten aktiv.

Du ahnst vielleicht schon, dass der Dauernörgler und die Sollte-Tyrannei ganz bestimmt nicht das Beruhigungssystem aktivieren, sondern eher das Angst- und teilweise auch das Neugierdesystem. Verschiedene Wissenschaftler gehen davon aus, dass gerade in der westlichen Welt diese zwei Systeme überaktiviert sind und das Beruhigungssystem oft das Nachsehen hat. Jede Form von Stress, auch Freizeit- oder gar Urlaubsstress, fördert das Angst- und Neugierdesystem. Dies gilt ebenfalls für Reizüberflutung, pausenloses Geschäftig-Sein und Beschleunigung. Wer von sich sagt: »Ich komme einfach nicht zur Ruhe!« leidet darunter, dass das Beruhigungssystem Körper und Geist zu selten herunterreguliert.

Wenn wir freundlich mit uns umgehen oder wenn andere Menschen uns liebevoll zugewandt sind, passiert in unserem Gehirn etwas ganz Spezielles: Es werden bestimmte Hormone ausgeschüttet, unter anderem das als »Kuschelhormon« bekannte Oxytocin. Dieses Hormon galt früher als Still- und Wehenhormon, weil schon länger bekannt ist, dass es unter anderem bei stillenden Frauen höher dosiert im Körper vorkommt. Heute wissen wir, dass das Hormon auch in der Sexualität und allgemein bei menschlicher Nähe und Bindung eine große Rolle spielt. Verabreicht man Menschen dieses Hormon als Nasenspray, sind sie besser in der Lage, die Gefühle anderer Menschen einzuschätzen und treten intensiver mit ihnen in Beziehung, beispielsweise indem sie länger Augenkontakt halten. In Experimenten wurde außerdem festgestellt, dass Menschen bei höherem Oxytocinspiegel eher bereit sind, anderen freundschaftliche Dienste zu erweisen, ihnen etwa Geld zu leihen. Auf der emotionalen Ebene geht das Beruhigungssystem mit Empfindungen einher, die wir durchweg als angenehm erleben: Freude, Wohlbefinden, Sicherheit, Ruhe, Dankbarkeit und Geborgenheit gehören dazu.

Viel wert oder wenig wert

Das Konzept des Mitgefühls sich und anderen gegenüber gibt es in der buddhistischen Psychologie seit 2600 Jahren. Im Westen hielt man lange nicht viel davon. Stattdessen stand das Konzept des Selbst*wert*gefühls, über das ich schon kurz in der Einleitung berichtet habe, im Mittelpunkt des Interesses. Tausende von Ratgeberbüchern wurden zu diesem Thema verfasst, unzählige Studien wurden dazu durchgeführt und in der Psychotherapie ist die Stärkung des Selbstwertgefühls schon seit Jahrzehnten eines der wichtigsten Entwicklungsziele überhaupt. In den USA, aber auch im deutschsprachigen Raum wurden an Schulen und in Firmen Programme zur Selbstwertsteigerung gestartet. Probleme wie Aggression, schlechte Schulleistungen, Suchtverhalten oder Eheprobleme wurden auf ein geringes

Selbstwertgefühl zurückgeführt. Umgekehrt ging man davon aus, dass Menschen mit einem hohen Selbstwertgefühl besser mit ihrem Umfeld zurechtkämen und insgesamt angenehmere Menschen wären.

Es gibt verschiedene Fragebögen, die anhand von Aussagen über die eigene Person versuchen, ein hohes oder niedriges Selbstwertgefühl zu erfassen. Hier sind ein paar persönliche Einschätzungen aus solchen Selbstwertfragebögen:

- Besser zu sein als andere, gibt mir ein Gefühl von Selbstachtung.
- Ich glaube, ich habe eine Menge guter Eigenschaften.
- Ich kann Dinge genauso gut machen wie die meisten anderen Leute auch.
- Wenn ich im Studium erfolgreich bin, gibt mir das ein Gefühl von Selbstachtung.
- Ich glaube, dass ich eine geschätzte Person bin, mindestens auf demselben Niveau wie die anderen.

Selbstwert hat also etwas damit zu tun, dass man bestimmte erwünschte Eigenschaften hat, dass man im Vergleich zu anderen Menschen gut abschneidet und von anderen wertgeschätzt wird. Es geht darum, was man kann, wie gut man in den Dingen ist, die man tut, und was andere von einem denken. Dies bezieht sich auf die unterschiedlichsten Bereiche, vor allem aber auf Leistungsfähigkeit und auf körperliche Attraktivität. Selbstwert ist in unserer Kultur zudem eng mit materiellem Besitz verbunden. Ein großes Auto, ein neues Smartphone oder ein teurer Urlaub können durchaus zu einem vermeintlich höheren Selbstwertgefühl beitragen. Umgekehrt gilt, dass Arbeitslosigkeit, Schulden oder der Bezug von Hartz IV zu einem geringeren Selbstwertgefühl führen können. Ich habe im ersten Kapitel schon von dem Paar berichtet, das sich zwei Wochen im Keller versteckte, nur um den Nachbarn vorzugaukeln, sie seien in den Ferien. Gar nicht so selten begehen Menschen sogar einen Suizidversuch, nachdem sie arbeitslos geworden sind. Eltern fühlen sich mitunter minderwertig, wenn ihre Kinder nicht das Gymnasium besuchen oder nicht in allen Fächern gute Noten mit nach Hause bringen. In einer nordamerikanischen Studie unter Studenten zeigte sich, dass nur 4 Prozent der Befragten bezüglich ihres Selbstwertgefühls unabhängig von der Einschätzung der anderen waren. Für die übrigen 96 Prozent galt etwas überspitzt formuliert: Wenn die anderen mich toll finden, finde ich mich auch toll. Und weiter: Wenn die anderen mich nicht mehr toll finden, dann …

Auch für mich gab es lange keinerlei Zweifel an diesem Konzept. Ich habe 15 Jahre mit psychiatrischen Klienten gearbeitet, die aufgrund ihrer oft schweren psychischen Erkrankung nicht in der Lage waren, in unserer Gesellschaft so zu funktionieren, wie sie es sich gewünscht hätten. Viele hatten keinen bezahlten Job, sondern wurden frühzeitig berentet und viele von ihnen lebten allein, ohne Partner und ohne Familie. Wer in einer Werkstatt für behinderte Menschen arbeitet, von der Grundsicherung leben muss und als 40-Jähriger in einer kleinen Studentenbude wohnt, der hat fast zwangsläufig ein geringes Selbstwertgefühl. Meine Klienten drückten ihr Erleben von Minderwertigkeit auch aus. Sie sagten beispielsweise: »Ich bin doch gar nichts wert« oder »Wer will mit jemandem wie mir schon was zu tun haben?« Lange habe ich nicht erkannt, dass das eigentliche Problem in dem letztlich unmenschlichen Selbstwertkonzept liegt. Stattdessen habe ich versucht, das Selbstwertgefühl meiner Klienten aufzumöbeln. Der Klient sollte sehen, dass seine Tätigkeit in der Werkstatt für Behinderte doch auch einen Wert hat oder dass auch er Dinge beherrscht, auf die er stolz sein kann. Doch tief im Inneren wusste ich, dass das nicht wirklich funktionieren konnte. Wie würde es mir ergehen, wenn ich in einer Werkstatt für behinderte Menschen für wenig mehr als einen Euro pro Stunde arbeiten müsste? Höchstwahrscheinlich würde ich mich genauso degradiert und ausgeschlossen fühlen wie meine Klienten.

Sich im Keller zu verbarrikadieren, wenn man sich den Urlaub nicht leisten kann, sich minderwertig zu fühlen, wenn man in der Arbeitswelt nicht mithalten kann, oder gar einen Suizidversuch zu unternehmen, wenn man den Job verliert, das sind die logischen Folgen eines Systems, das den Wert eines Menschen mit Leistungsfähigkeit verknüpft und den Vergleich untereinander fördert.

Das Selbstwertgefühl ist ein »Schönwetterkonzept«: Wenn alles rundläuft im Leben, dann ist das Selbstwertgefühl top. Aber was passiert, wenn man den Sport, über den man bisher seinen persönlichen Wert weitgehend bezogen hat, nicht mehr ausüben kann? Oder wenn der jugendlich-attraktive Körper langsam altert und die neidischen Blicke der anderen ausbleiben?

Dann wird aus hohem Selbstwert und Stolz nämlich sofort ein (Selbst-)Minderwertigkeitserleben.

Nutznießer des Selbstwertkonzepts sind vor allem jene, denen es sowieso schon gut geht. Sie haben es in einer Gesellschaft, in der ein starkes Selbstwertgefühl hohes Ansehen genießt, natürlich leichter. Wer hingegen nicht auf der Siegerstraße des Lebens unterwegs ist, dessen Selbstwertgefühl ist reduziert und infolge dessen wird ihm vieles im Leben noch schwerer fallen.

Die Falle der Selbstliebe

Wenn man sich in therapeutischen Kreisen und der Esoterikszene umhört, dann ist einem schnell klar: Man sollte sich selbst lieben! Tut man dies nicht, ist man selbst schuld, dass es einem nicht so richtig gut geht und die anderen einen erst recht nicht mögen. Ohne Selbstliebe geht quasi gar nichts. Folglich nehmen wir uns vor, uns selbst zu lieben. Aber wie schafft man das mit der Selbstliebe? Indem man sich klarmacht, was man an der eigenen Person alles toll findet? Indem man die eigenen Stärken aufschreibt? Oder indem man sich selbst mit Affirmationen (»Ich bin schön und alle lieben mich.«) immer wieder darin bestärkt, wie liebenswert man ist? Hunderte von Selbsthilferatgebern sind voll von Tipps, wie die Selbstliebe am besten gelingt. Das Problem dabei ist nur, dass es nicht funktioniert. Fast jeder von uns kann problemlos Eigenschaften aufzählen, die er an sich *nicht* leiden kann. Selbst nach Hypnose, Tiefensuggestion und der Arbeit mit Affirmationen kann man sein Übergewicht, das schlechte

Gedächtnis oder die Neigung zu Wutausbrüchen oft einfach nicht lieben. Bei den meisten Menschen führt dies zu einer Negativspirale. Man weiß schließlich, wie wichtig Selbstliebe ist, und wenn man sie nicht umsetzen kann, sucht man den Fehler wieder bei sich. Unser Verstand, das heißt unser Dauernörgler schließt daraus: Man ist mal wieder selbst schuld. Man hat sich nicht genug angestrengt und man hat noch nicht hart genug an sich gearbeitet, um das mit der Selbstliebe endlich hinzubekommen. Die Folge dieses ganzen Prozesses ist klar: Wir lieben uns noch weniger. Schlussendlich leiden wir nicht nur unter unserem Übergewicht, sondern verurteilen uns auch noch dafür, dass wir es immer noch nicht annehmen können.

Wenn wir ein Gefühl wie Eifersucht an uns ablehnen, versuchen wir, es mithilfe unterschiedlicher Strategien loszuwerden. Wir haben uns viele verschiedene Mechanismen zurechtgelegt, wie uns das gelingen kann. Beispielsweise reden wir uns ein, dass wir diese Eigenschaft gar nicht haben (»Was, ich und eifersüchtig?«) oder projizieren sie auf andere (»In Wirklichkeit bist du es doch, der so eifersüchtig ist und mir keinen Freiraum lässt«). Mitunter strengen wir uns auch ungemein an, unsere Eifersucht loszuwerden, meistens indem wir versuchen, sie wegzudrücken. Das führt zu einem inneren Kampf, was wiederum zur Folge hat, dass die Empfindung nicht abnimmt, sondern im Gegenteil noch zunimmt. Ein Teil von uns mag eine bestimmte Eigenschaft nicht, ein anderer Teil findet, wir sollten sie aber doch mögen. Letzterer ist ein alter Vertrauter! Diesmal sagt er uns nicht, dass wir erfolgreicher sein sollten oder mehr Freunde haben müssten, sondern er verlangt von uns, dass wir uns endlich voll und ganz annehmen.

Dabei müssen wir gar nicht alles an uns lieben! Es ist keineswegs notwendig, alles an sich gut oder gar wundervoll zu finden. Diese Erkenntnis kann sehr befreiend und erleichternd sein, denn jeder Mensch besitzt Eigenschaften, die schlichtweg nicht liebenswert oder heilsam sind. Es gibt keinen vernünftigen Grund, die eigene Gier, Eifersucht, Rachsucht, Selbstbezogenheit, Ungeduld, eine immer wiederkehrende Unzufriedenheit, die eigene Feigheit oder auch Gefühle wie abgrundtiefe Verzweiflung oder unbändige Panik gut zu finden. Wir müssen all diese Empfindungen nicht lieben und wir schaden uns nicht, wenn wir sie nicht lieben. Es ist schlicht und ergreifend normal und gesund, sich zu wünschen, dass sich diese Empfindungen und Eigenschaften verändern.

Selbstmitgefühl ermöglicht uns eine völlig andere Sichtweise, die sich in einem weniger extremen Umgang mit unseren Eigenschaften und Empfindungen ausdrückt. Weder müssen wir die zu lange Nase lieben, noch brauchen wir uns mit ihr zu identifizieren. Wir müssen nicht alle Eigenschaften von uns toll finden, es reicht vollkommen aus, wenn wir uns wegen der unliebsamen nicht verurteilen, anklagen und beschuldigen. Scham und Minderwertigkeit kommen dann gar nicht erst auf. Die inneren Stimmen, die uns ständig sagen, wie wir eigentlich sein sollten, werden leiser. Die innere Haltung, die wir einnehmen, ist nicht: »Alles an mir ist wundervoll!«, sondern: »Jeder Mensch hat Fehler. Es darf sein, dass ich an mir nicht alles mag. Es ist nicht meine Schuld, dass ich so bin, wie ich bin. Trotzdem kann ich mich auf den Weg machen, das zu ändern, was mir hinderlich ist im Leben.«

Die Vorteile der Freundlichkeit

Mittlerweile wissen wir eine ganze Menge darüber, was in uns ausgelöst wird, wenn wir freundlich mit uns umgehen und eine mitfühlende Haltung uns selbst gegenüber einnehmen. Lange war es innerhalb der Wissenschaft unvorstellbar, sich mit Mitgefühl und Selbstmitgefühl zu beschäftigen. Doch was bis vor Kurzem noch als anrüchig galt, weil es eher der esoterischen oder spirituellen »Schmuddelecke« zugeordnet wurde, hat sich inzwischen zu einem absoluten Boom-Thema in der Forschungswelt gemausert.[2] So gibt es heute zahlreiche Studien, die belegen, was Selbstmitgefühl bewirkt.

Die vielleicht wichtigste Wirkung von Selbstmitgefühl wird durch mehrere Studien bestätigt: Wer selbstmitfühlend mit sich umgeht, hat weniger mit Depressionen und Angststörungen zu kämpfen als jene, die zu Unfreundlichkeit gegenüber sich selbst neigen. Insgesamt ist er den Herausforderungen des Lebens besser gewachsen.

Selbstmitgefühl führt dazu, dass wir weniger kritisch mit uns umgehen, das heißt der Dauernörgler ist weniger aktiv. Dies wiederum hat zur Folge, dass wir nicht mehr so viel grübeln. Wir denken weniger darüber nach, ob wir uns besser anders verhalten hätten, ob wir beispielsweise vorhin im Gespräch mit dem Nachbarn freundlich genug waren oder ob wir uns mal wieder blöd angestellt haben. Weniger Grübeln wiederum reduziert die Wahrscheinlichkeit, in psychische Krisen zu geraten.

Wenn du ein paar Kilos loswerden willst, mit dem Rauchen aufhören oder regelmäßig joggen gehen möchtest, dann wünsche ich dir eine große Portion Selbstmitgefühl. Dadurch hast du nämlich eine deutlich höhere Chance, dass dir dein Vorhaben auch gelingt. Studien belegen beispielsweise, dass Menschen, die ihr Gewicht reduzieren möchten, sich oft schon für den kleinsten Ausrutscher verurteilen, wenn sie es nicht gewohnt sind, Selbstmitgefühl aufzubringen. Diese Selbstverurteilung führt zu ungünstigen Emotionen, die dann wiederum bewirken können, dass man aus Frust erst so richtig beim Essen zulangt. Wer jedoch freundlich mit sich umgehen kann, dem fällt es bedeutend leichter, länger durchzuhalten, und der nimmt dann natürlich auch eher ab.

In einer Studie konnte Ähnliches bei Rauchern gezeigt werden: Eine Gruppe lernte Mitgefühl für sich und die Probleme bei der Raucherentwöhnung aufzubringen, eine zweite Gruppe wurde dazu angehalten, das Rauchen mit ihrem Willen zu kontrollieren. Diejenigen, die freundlich mit sich umgingen, konnten deutlich leichter mit dem Rauchen aufhören als jene, die viel Willenskraft aufzubringen versuchten.

Spannend sind auch die unterschiedlichen Auswirkungen von Selbst*wert*gefühl und Selbst*mit*gefühl. So neigen Menschen mit hohem Selbstwertgefühl eher zu

Narzissmus und Selbstüberschätzung, sie reagieren auf Kritik von außen nicht selbstkritisch, sondern feindlich und ablehnend. Ein hohes Selbstwertgefühl führt eher dazu, sich selbst als besonders, anders und getrennt wahrzunehmen. Selbstmitgefühl hingegen aktiviert Empfindungen von Verbundenheit mit anderen Menschen. Dadurch ist man eher in der Lage, Kompromisse mit anderen zu finden und für die eigenen Fehler Verantwortung zu übernehmen.

Wie entwickeln wir Selbstmitgefühl?

Es gibt vor allem drei Wege, wie Selbstmitgefühl gefördert werden kann. Die erste Möglichkeit stellen sogenannte Mitgefühlsmeditationen dar, die ich gleich genauer vorstellen werde. Sie setzen voraus, dass man – am besten täglich – Zeit zur Verfügung hat, um diese Übungen zu machen. Der zweite Weg besteht aus »Selbstmitgefühlsübungen für den Alltag«. Dabei geht es darum, im Alltag mehr Sensibilität dafür zu entwickeln, wann wir uns verurteilen und auf welche Weise wir versuchen, uns vor unserem inneren Schmerz zu drücken. Die dritte Variante ist der therapeutische Weg. Dabei werden mit Unterstützung einer Fachperson die eigenen Unfreundlichkeiten enttarnt und in mehr Selbstmitgefühl verwandelt.

Der Schwerpunkt *dieses* Buches liegt auf den Selbstmitgefühlsübungen im Alltag. Es sind Selbstreflexionen und Wahrnehmungsübungen, die in ganz unterschiedlichen Situationen genutzt werden können. Dazu werden wir in den folgenden Kapiteln vor allem drei Übungen kennenlernen, die uns beim Lesen begleiten sollen und die uns helfen können, uns von Selbstverurteilungen zu lösen und Anregungen für Selbstmitgefühl im Alltag zu bekommen. Manchmal gelingt es uns gut, an einem entspannten Abend mithilfe einer Meditation zu einer freundlichen Haltung uns selbst gegenüber zu finden. Wenn wir dann aber eine halbe Stunde später in einer schwierigen Alltagssituation sind, ist davon oft nicht mehr viel zu spüren. Doch genau für diese alltäglichen Situationen brauchen wir ein Handwerkszeug, damit wir die gewohnten Bahnen von Selbstkritik oder innerer Härte verlassen können. So kultivieren wir einen wachen und freundlichen Geist, der uns im Alltag begleitet und uns zu einem liebevolleren Blick und neuem Verhalten einlädt. Wenn du die vorgeschlagenen Übungen ausprobierst und im Alltag damit experimentierst, wird dir beides leichterfallen.

Selbstmitgefühlsmeditationen

Auch wenn Selbstmitgefühlsmeditationen nicht den Schwerpunkt dieses Buches bilden, so sind sie trotzdem sehr hilfreich, um Mitgefühl zu kultivieren. In den letzten Jahren sind zahlreiche Selbstmitgefühlsmeditationen entwickelt worden, zumeist angelehnt an klassische Übungen aus dem Buddhismus. Beispielsweise kannst du in einer solchen Übung freundlich auf deinen Körper blicken und ihn wahrnehmen, du kannst deinen Atem liebevoll mit deiner Achtsamkeit begleiten oder dir vorstellen, wie du dir in einer schwierigen Lebenssituation Freundlichkeit entgegenbringst. Meistens dauern sie zwischen zehn und 30 Minuten und werden entweder in einer Gruppe von einem Achtsamkeitslehrer angeleitet oder du hörst daheim die Anleitung einer CD zum Thema. Im Anhang findest du einige Empfehlungen für solche Meditationen. Neben den CDs, die im Handel zu finden sind, gibt es mittlerweile auch im Internet gute Selbstmitgefühlsübungen zum Gratis-Download, auch dazu findest du im Anhang einige Adressen.

Manchen Menschen gelingt es gut, solche Übungen regelmäßig zu praktizieren oder täglich zu meditieren. Wenn dir das leichtfällt, ist es wirklich sehr empfehlenswert, Achtsamkeitsübungen regelmäßig zu praktizieren. Auch andere Meditationsformen wie etwa stilles Sitzen können uns helfen, unsere Fähigkeit für Annahme und Freundlichkeit wachsen zu lassen. Es ist schön, wenn du durch dieses Buch angeregt wirst, solche Formen der Meditation kennenzulernen. Es ist auch gut, in den Tagen oder Wochen, in denen du dich mit diesem Buch beschäftigst, zusätzlich zur Lektüre Mitgefühlsmeditationen oder andere Achtsamkeitsübungen zu praktizieren.

Vielen von uns fällt es aber schwer, sich die Zeit für diese Übungen zu nehmen. Immer gibt es etwas Wichtigeres, das zuerst erledigt werden muss, und am Ende des Tages hat es mit der Meditation oder der Achtsamkeitsübung wieder nicht geklappt. Studien mit Teilnehmenden von Achtsamkeitstrainings zeigen, dass es den meisten nicht gelingt, die Achtsamkeitsübungen nach Ende des Trainings fortzusetzen. Für unseren Dauernörgler ist das natürlich ein gefundenes Fressen, um uns wieder einmal zu verurteilen. Und schon ergeht es uns so wie jenen Menschen, die gern mehr Sport treiben, ihr Gewicht reduzieren oder mit dem Rauchen aufhören möchten: Sobald sie sich dafür verurteilen, dass sie mal wieder nicht konsequent gewesen sind, fällt es ihnen noch schwerer, ihr Ziel zu erreichen. Mach dir also keinen Stress! Lass es einfach nicht zu, dass du dich selbst verurteilst, wenn du keine Achtsamkeitsmeditationen praktizierst.

Erste wissenschaftliche Untersuchungen zeigen, dass solche Übungen sehr wirkungsvoll sind und sogar auf der Gehirnebene zu Veränderungen führen. Diese sind aber nicht bleibend, sondern nehmen wieder ab, sobald das Training beendet wird. Mitgefühlsmeditationen sind also trainings- und übungsorientiert, ganz ähnlich wie das Praktizieren von Yoga oder von verschiedenen Sportarten. Inzwischen gibt es mancherorts sogar Kurse, die sich speziell mit Selbstmitgefühl beschäftigen. Sie dauern meistens acht Wochen, in denen sehr intensiv Mitgefühlsmeditationen praktiziert werden. Am bekanntesten sind die MSC-Kurse, MSC steht für die englischen Begriffe Mindfulness Self Compassion (auf Deutsch: achtsames Selbstmitgefühl). Falls du die Möglichkeit hast, einen solchen Kurs zu besuchen, ist das sicher eine gute Gelegenheit, dein Selbstmitgefühl weiter zu stärken.

Wir sind jetzt am Ende des ersten Teils dieses Buches angekommen. Bis hierher haben wir uns damit beschäftigt, wie verbreitet Selbstverurteilungen sind, und wir haben Selbstmitgefühl als ein hilfreiches Konzept kennengelernt, um den Selbstverurteilungen zu entkommen. Der zweite Teil dieses Buch beschäftigt sich nun damit, wie wir mitfühlender mit uns umgehen können.

TEIL 2: SELBST-MITGEFÜHL INS EIGENE LEBEN BRINGEN

WIE WIR MIT DER SELBSTVERURTEILUNG AUFHÖREN KÖNNEN

Dem Dauernörgler auf der Spur

Der erste Schritt, um mit Selbstverurteilungen aufzuhören, besteht darin, sich diese überhaupt bewusst zu machen. Viele Menschen wissen gar nicht, dass sie sich selbst verurteilen. Das Erkennen der Selbstverurteilung ist deshalb so schwierig, weil diese Verurteilungen zeitlebens in uns ablaufen, je nach Alter vielleicht schon seit 20, 30 oder gar 60 Jahren. Stell dir vor, in deinem Haus gäbe es schon seit du auf der Welt bist ein bestimmtes Hintergrundgeräusch. Vielleicht steht im Keller eine alte Gefriertruhe die vor sich hin brummt. Höchstwahrscheinlich bemerkst du es gar nicht mehr, weil du das Haus ja gar nicht ohne dieses Geräusch kennst. Wenn dich dann jemand besucht und sagt: »Was ist denn das für ein komisches Geräusch hier bei euch?«, dann antwortest du wahrscheinlich: »Was meinst du denn, ich höre nichts.«

Ich vergleiche das Wahrnehmen des Dauernörglers gern mit einem Kippbild, also einem Bild, das man auf zwei unterschiedliche Weisen »lesen« kann. Wenn man ein solches Bild anschaut, nimmt man zunächst nur die eine Figur wahr, zum Beispiel eine Vase, und erst nach einiger Zeit sieht man plötzlich das zweite Bild, zwei

Gesichter im Profil. Die Gesichter waren die ganze Zeit da, konnten aber nicht wahrgenommen werden. Auch unsere kritischen Selbstkommentare sind uns zunächst oft gar nicht bewusst. Ich habe Menschen kennengelernt, die der festen Überzeugung waren, freundlich mit sich selbst zu sprechen, und in Wirklichkeit voller Selbstverurteilungen waren. Wenn das Bild dann plötzlich kippt und man die Flut an kritischen Kommentaren wahrnimmt, ist man mitunter entsetzt darüber, wie kritisch und vernichtend dieser innere Teil über uns spricht, und man fragt sich, warum man das bislang nicht wahrgenommen hat. Sei daher auf der Hut, denn der innere Richter tarnt sich gut.

Neulich habe ich das während einer Meditation selbst erfahren. Ich saß auf meinem Meditationskissen und wollte meine Gefühle fühlen, aber ich konnte keine Gefühle wahrnehmen. Stattdessen nahm ich viele Körperempfindungen wahr und immer wieder tauchten auch Gedanken und Bilder auf. Erst nach längerer Zeit bemerkte ich meine innere Bewertung darüber, dass ich im Moment keine Gefühle wahrnehmen konnte: »Du bist aber ganz schön in der Birne, die ganze Meditation bringt ja nichts.« Das Verrückte daran war: Ich bin selten so bewusst und wach wie während der Meditation und selbst da hat es länger gedauert, bis ich meine negativen Bewertungen wahrgenommen habe. Wie soll es mir dann erst im Alltag gehen?

Unseren Selbstverurteilungen kommen wir am besten auf die Spur, indem wir uns ganz auf unsere Gedanken im Moment konzentrieren. Gibt es etwas, wofür ich mich jetzt gerade verurteile? Manchmal sind das belanglos erscheinende Kleinigkeiten: »Warum bist du wieder so verspannt? Jetzt atme doch mal ruhig ein und aus.« »Diese Unordnung hier auf dem Tisch, wann räumst du endlich mal wieder auf?« »Jetzt ist gleich Abend und du hast fast nichts geschafft von dem, was du dir vorgenommen hast.«

Nimm dir einen Moment Zeit und richte deine Aufmerksamkeit auf deinen Gedankenstrom. Gibt es etwas, wofür du dich gerade verurteilst?

Falls du nichts findest, kannst du dich meiner Erfahrung nach leider nicht auf der sicheren Seite fühlen. Da die allermeisten Menschen sich selbst und andere häufig beurteilen und bewerten, müssen wir davon ausgehen, dass du das auch tust und dir dessen einfach nicht wirklich bewusst bist. Lass dir also noch einen Moment Zeit, um eventuellen Verurteilungen auf die Spur zu kommen. Gibt es Bewertungen in Bezug auf deinen Körper? Oder auf Eigenschaften von dir? Auf das, was du bisher getan hast oder planst zu tun? Auf dein Leben allgemein?

Im Rahmen der Achtsamkeitsbewegung wünschen sich immer mehr Menschen, ihren Alltag mit mehr Bewusstsein zu erleben. Dabei geht es darum, mehr im gegenwärtigen Moment zu sein, anstatt sich mit dem Gestern oder dem Morgen zu beschäftigen. Ein wichtiges Element von Achtsamkeit ist die Nicht-Bewertung. Das Problem ist jedoch, dass unser ruheloser Geist automatisch bewertet. Es würde ihm gar nicht in den Sinn kommen, das nicht zu tun. Sobald wir aber den Anspruch an uns haben, nicht zu bewerten, sind wir bereits in die Falle der Selbstverurteilung gegangen. Wir werden zwangsläufig scheitern. Wir werden uns immer wieder dabei erwischen, wie wir bewerten und werden uns anschließend auch noch dafür verurteilen. (»Ich weiß doch, dass ich nicht bewerten soll, jetzt hab ich es schon wieder getan.«) Wenn du hingegen bloß *registrierst,* dass du innerlich gerade bewertest, ohne dich darüber zu ärgern oder diesen automatischen Mechanismus abzulehnen, dann entziehst du dadurch dem ganzen Vorgang Energie. Immer dann, wenn wir etwas ablehnen oder weghaben wollen, binden wir uns enger an das, was uns stört. Gelingt es uns hingegen, uns für das Verurteilen nicht abermals zu verurteilen, dann läuft das Verurteilen ins Leere und kommt eher zur Ruhe. Wir merken uns also: Selbst- und Fremdverurteilungen sind stinknormal. Jeder kennt sie, denn zu bewerten ist die natürliche Funktionsweise unseres Geistes.

Die Selbstverurteilungsfrage

Das fortwährende Bewerten der eigenen Person und anderer Menschen spielt in all unseren Bezügen eine fundamentale Rolle. Ich benutze daher in meiner psychotherapeutischen Arbeit und auch in diesem Buch vor allem zwei Übungen, die uns dabei helfen können, Mitgefühl im Umgang mit uns selbst zu fördern. Sie bestehen jeweils aus einer Frage, die jedoch keine Frage im klassischen Sinne ist, sondern eher eine Form von Wahrnehmungsübung und Selbsterkundung. Die erste Übung bezieht sich auf unsere Neigung zur Selbstverurteilung. Die Frage lautet:

»Verurteile ich mich gerade selbst? Wenn ja, wofür?«

Die Übung besteht darin, sich diese Frage ganz ehrlich zu stellen und sich Zeit zu lassen, um herauszufinden, ob man sich im Moment für irgendetwas verurteilt. Wenn möglich, ist es sinnvoll, für diese Übung kurz die Augen zu schließen, um genauer hinspüren zu können. Du schließt also die Augen und stellst dir innerlich die Frage: *»Verurteile ich mich gerade selbst? Wenn ja, wofür?«*

Wenn es dir gelingt, im Laufe des Tages immer wieder innezuhalten und nachzuspüren, wirst du höchstwahrscheinlich schockiert feststellen, wie allgegenwärtig Selbstverurteilungen sind. Es sind die vielen kleinen »Alltagsverurteilungen« wie etwa die folgenden, die uns fortwährend umtreiben:

- Die Spülmaschine ist immer noch nicht ausgeräumt.
- Ich bin unfreundlich zum Nachbarn gewesen.
- Den freien Vormittag habe ich heute nicht gut genutzt.
- Selbst schuld, dass ich von der Biene gestochen wurde.
- Schon wieder zu lange im Netz gesurft.
- Und wieder keinen Sport gemacht.
- Ich habe mir den Fingernagel kaputtgebissen.

- Bin ungeduldig mit den Kindern gewesen.
- Die Salatsoße ist versalzen.
- Immer noch nichts für die Nothilfe gespendet.
- Ich bin zu feige, um mir endlich einen neuen Job zu suchen.
- Ich bin einfach nicht beziehungsfähig – kein Wunder, dass unsere Partnerschaft in die Brüche gegangen ist.
- Bin schon wieder viel zu müde, weil ich gestern Abend zu spät ins Bett gegangen bin.
- Und und und.

Höchstwahrscheinlich wirst du dich schon in diesen wenigen Beispielen wiederfinden oder dir werden spontan andere Situationen einfallen. Das Spannende an dieser Übung ist ihr Effekt, denn allein das »Sich-bewusst-Machen« der Selbstverurteilungen führt dazu, dass sie schwächer werden. Wem es zudem gelingt, freundlich mit sich zu sprechen, kann sich im Laufe der Zeit ganz von seinen Selbstverurteilungen lösen. Ein freundlicher innerer Dialog bedeutet hier, sich klarzumachen, dass es keinen Grund gibt, sich zu verurteilen. In den meisten Fällen bezieht sich die Selbstverurteilung auf Belanglosigkeiten, die eigentlich bedeutungslos sind. Außerdem hast du sowieso deutlich weniger Einfluss auf dein Verhalten, als der Dauernörgler dir einreden will. Je mehr Bewusstsein wir für die Selbstverurteilungen aufbringen können und je mehr Mitgefühl wir für uns haben, desto schwächer werden sie. Die Übung entfaltet ihre Wirkung nur dann, wenn sie oft praktiziert wird, am besten mehrmals am Tag.

Selbst wenn wir es uns vornehmen, unsere Selbstverurteilungen öfters am Tag wahrzunehmen, werden wir dies im Alltagstrubel höchstwahrscheinlich schnell wieder vergessen. Du kannst dir aber Erinnerungshilfen schaffen, die dich an die Übung erinnern. Beispielsweise kannst du einen Zettel aufhängen oder du kannst dich von deinem Handy erinnern lassen. Für Smartphone-Besitzer ist die App »Glocke der Achtsamkeit« empfehlenswert. Du kannst einstellen, wie oft du während des Tages durch einen Glockenton an diese Übung oder an eine andere Achtsamkeitspraxis erinnert werden möchtest. Eine solche Erinnerungshilfe findest du ab jetzt auch in diesem Buch: Ich habe diese Übung immer wieder in den noch folgenden Text eingebaut und bitte dich, dann jeweils kurz innezuhalten und dir die Selbstverurteilungsfrage zu stellen. Wenn du diese Übung während des Lesens machst, liest du nicht nur ein Buch über Selbstmitgefühl, sondern gewinnst schon während des Lesens Abstand zum inneren Kritiker und beginnst, freundlicher mit dir umzugehen.

Verurteile ich mich gerade selbst? Wenn ja, wofür?

Bemerke die Selbstverurteilung und erkenne, dass sie nur ein Gedanke ist und nicht die Wahrheit.

Ein Gedanke ist ein Gedanke und keine Tatsache

Eigentlich ist die Überschrift dieses Kapitels (»Wie wir mit der Selbstverurteilung aufhören können«) nicht ganz richtig. Unser innerer Kritiker wird nämlich nie aufhören, unser Verhalten und unsere Person zu kommentieren. Er macht einfach nur seinen Job und den macht er ausdauernd und meistens sogar ohne jeden Urlaub, manchmal macht er nicht mal eine Pinkelpause. Wir können aber einen gesunden Abstand zu unseren inneren Dialogen finden. Dies geschieht, indem wir klar sehen, dass da einfach nur ein innerer Mechanismus am Werke ist, mit dem wir uns nicht identifizieren und den wir nicht für wahr halten müssen. Es geht nicht darum, die innere Stimme zum Verstummen zu bringen, sondern ihr nicht länger zu glauben. Und zwar weil wir verstehen, dass diese Stimme nichts mit der Wahrheit zu tun hat, sondern einfach nur ein altes, zumeist sehr früh erworbenes Programm ist, genährt durch Botschaften unserer Eltern und anderer wichtiger Bezugspersonen. Dieser innere Abstand wird in der Fachsprache heute als »Defusion« bezeichnet, als Auflösung einer Verschmelzung mit einem Gedanken. Im Alltag sind wir oft mit unseren Gedanken komplett identifiziert oder verschmolzen. Wenn uns der Dauernörgler sagt: »Das schaffst du sowieso nicht«, dann glauben wir ihm allzu oft und versuchen nicht einmal mehr, es doch hinzukriegen. Eigentlich müssten wir ihn fragen: »Woher weißt du das eigentlich, hast du hellseherische Fähigkeiten?«

Es ist wie mit der Werbung: Nur weil wir im Werbeblock hören, wie toll das neue Haarshampoo ist, rennen wir nicht sofort in den nächsten Supermarkt, um es uns zu besorgen und uns dann eiligst die Haare damit zu waschen. Wir wissen nämlich, dass die Werbeversprechen meistens gar nicht stimmen und sich die Haare mit dem teuren Shampoo nicht wirklich anders anfühlen als mit dem billigen. Als ich dieses Beispiel einmal einer Klientin erzählte, erwiderte sie amüsiert, dass sie es von daheim anders kenne. Ihre Eltern hätten Anfang der 1970er-Jahre vor dem Fernseher gesessen und Listen mit Produkten erstellt, die in der Werbung vorgestellt wurden, um sie sich bei nächster Gelegenheit zu besorgen. Diese Möglichkeit gibt es also auch. Wer so werbehörig ist, der kann dann auch noch seinem quasselnden Geist alles glauben.

Angenommen, wir treffen jemanden, der uns davon überzeugen möchte, dass die Erde keine Kugel, sondern eine flache Scheibe ist. Wie reagieren wir darauf? Vielleicht hören wir ihm aus reiner Höflichkeit sogar einen Moment lang zu. Wir würden aber nie auf die Idee kommen, ernsthaft darüber nachzudenken, ob die Erde wirklich eine Scheibe ist. Keiner von uns wird sagen: »Das ist ja ein interessanter Gedanke, darüber würde ich gerne mehr erfahren.« Wir haben eine absolute innere Klarheit und sind uns hundertprozentig sicher, dass die Erde keine Scheibe ist. Genau um diese hundertprozentige innere Klarheit ringen wir, wenn es um die Auflösung der Verschmelzung mit unseren Gedanken geht. Wenn wir diese auflösen, nehmen wir die Gedanken zwar noch wahr, wissen aber ganz genau, dass sie nicht stimmen. Das ist uns zu Beginn der Auseinandersetzung mit unseren Selbstverurteilungen zwar noch nicht möglich, aber nach und nach kommen uns die Sprüche unseres kritischen Kommentators wie ein veraltetes Werbefilmchen oder wie die Wahlversprechen vor der nächsten Bundestagswahl vor.

Verurteile ich mich gerade selbst? Wenn ja, wofür?

Den Quälgeist verstehen

Wer von kritischen inneren Kommentaren gequält wird, der wünscht sich natürlich nichts sehnlicher, als endlich Ruhe da oben zu finden, und würde seinem nörgelnden Quälgeist am liebsten das Maul stopfen. Doch auch wenn es zunächst paradox klingen mag: Unsere Haltung ihm gegenüber sollte von Freundlichkeit geprägt sein. Wie wir bereits gesehen haben, möchte er uns eigentlich nicht schaden, sondern er versucht, uns vor Gefahren und Risiken zu schützen. Er hat also eine gute Absicht, auch wenn er uns in vielen Situationen nicht wirklich guttut. Außerdem ist er ein Teil von uns und wenn wir gegen ihn kämpfen, kämpfen wir gegen uns selbst. Verurteilung erschafft eine Energie der Ablehnung und des Ärgers, die die ganze Person zu spüren bekommt. Wenn wir wütend auf jemanden sind, können wir nicht nur auf einen Teil der Person wütend sein oder nur einen Teil von ihr anschreien. Und genauso wenig können wir einen Teil von uns verurteilen und dem Rest mit Freundlichkeit begegnen. Jeder Kampf gegen einen Persönlichkeits*anteil* ist immer ein Kampf gegen die eigene Person.

Gleich eine ganze Reihe von Studien treten den Beweis an, dass wir den Kampf gegen den Dauernörgler nicht gewinnen können. Wer gegen eigene Gedanken kämpft, stärkt diese, anstatt sie zu schwächen. Daher sollten wir auf keinen Fall etwas tun, was von den Fachleuten als »Gedankensuppression« bezeichnet wird. Damit ist der Versuch gemeint, Gedanken wegzudrücken. Wenn ein unerwünschter Gedanke auftaucht, wird etwas unternommen, um nicht an ihn zu denken. Man könnte sich beispielsweise durch eine Tätigkeit ablenken oder bewusst einen anderen Gedanken produzieren. Früher hat man auch in der Psychotherapie mit dieser Methodik gearbeitet. Sie wurde aber aufgegeben, seitdem wir wissen, dass unterdrückte Gedanken lediglich an Macht gewinnen. Ein Alkoholiker, der auf keinen Fall an die Whiskyflasche denken möchte, kann diesen Gedanken möglicherweise kurzfristig beiseiteschieben, längerfristig wird der Gedanke an den Whisky aber nur noch stärker.

Es ist, als würden wir versuchen, eine Tür zuzudrücken, weil wir jemanden nicht in einen Raum lassen möchten, der auf der anderen Seite gegen die Tür drückt. Kurzfristig mögen wir den anderen fernhalten können, aber wir können nicht ständig gegen die Tür drücken. Außerdem stärken wir unser Gegenüber durch unseren Kampf gegen ihn. Dieses Prinzip begegnet uns überall auf der Welt: Wogegen wir kämpfen, das wird nicht schwächer sondern stärker. Wir erleben es in der Politik, beispielsweise im Nahostkonflikt zwischen Israelis und Palästinensern: Jede Kriegshandlung der einen Partei bewirkt nur erneute Kriegshandlungen der anderen. So hat dieser Konflikt nun schon seit vielen Jahren kein Ende gefunden. Ein anderes typisches Beispiel sind unsere Krankenhäuser, in denen der Einsatz von immer mehr Antibiotika dazu führt, dass es vermehrt sogenannte multiresistente Keime gibt, denen inzwischen jedes Antibiotikum schnuppe ist.

Und genau dieses Prinzip gibt es auch in uns: Alles, was wir loswerden wollen, begleitet und verfolgt uns. Anstatt gegen unsere kritischen Stimmen anzukämpfen, können wir ihnen gegenüber eine Haltung einnehmen wie gegenüber einem kleinen Kind, das manche Zusammenhänge noch nicht durchschaut. Wir können zu unserem inneren Quälgeist sagen: »Ich weiß, dass du mich vor Risiken schützen und mir helfen willst. Du gibst dir solche Mühe, weil dir daran gelegen ist, dass es uns beiden gut geht. Trotzdem will ich jetzt einen anderen Weg ausprobieren.«

Verurteile ich mich gerade selbst? Wenn ja, wofür?

Freundlich mit unseren unerwünschten Stimmen umzugehen, bedeutet aber nicht, ihnen alles zu glauben und ihnen auf den Leim zu gehen. Wir sind im Alltag freundlich zu vielen Menschen, ohne dass wir ihnen alles glauben würden, was sie uns erzählen. Wir müssen auch den Besucher von den Zeugen Jehovas nicht unfreundlich behandeln, sondern wir können ihm freundlich und klar sagen, dass wir nicht mit ihm diskutieren und ihn nicht hereinbitten möchten. Genau so können wir mit unseren inneren Stimmen verfahren: Wir nehmen sie zwar wahr, aber kämpfen nicht gegen sie, und sicher bitten wir sie nicht, bei einem guten Glas Rotwein auf unserem Sofa Platz zu nehmen.

Lass dir etwas Zeit, um herauszufinden, wie du normalerweise mit inneren kritischen Stimmen umgehst? Versuchst du sie zu überhören oder beiseitezuschieben? Glaubst du ihnen und orientierst du dich an ihnen?

Lass dir wirklich etwas Zeit, um das herauszufinden. Vielleicht magst du kurz das Buch beiseitelegen?

Die eigenen Spezialthemen entdecken

Im ersten Kapitel haben wir den Dauernörgler kennengelernt und uns gefragt, was seine Lieblingsthemen sind. Sie zu kennen, ist deshalb besonders wichtig, weil es uns dann leichterfällt herauszufinden, wann er wieder am Werk ist. Daher wenden wir uns jetzt diesen »Klassikern«, die er am liebsten abspielt, nochmals etwas genauer zu.

Den Dauernörgler gibt es in verschiedenen Ausführungen, wahrscheinlich sind es so viele Typen, wie es Menschen gibt. Und doch gibt es bestimmte Varianten, die sehr verbreitet sind. Die gängigsten drei, die ich kenne, sind:

1. *Der Kritiker/der innere Richter:* Der Kritiker kritisiert uns gnadenlos. Er findet immer etwas an uns auszusetzen und spielt sich als Oberlehrer oder aufdringlicher Besserwisser auf. Er gibt uns keine Anregungen oder macht Vorgaben, was wir tun sollen, sondern er lässt uns zunächst machen, um anschlie-

ßend daran herumzumäkeln. Manchmal können wir ihn recht gut erkennen, denn seine Kommentare sind oft sehr pauschal (»Wie blöd hast du dich denn da schon wieder angestellt.«) und meistens nicht sonderlich originell. Vielleicht nörgelt er schon seit 20 Jahren mit den immer gleichen Sätzen an unserer Person, unserem Körper oder unseren Verhaltensweisen herum. Er kann sich aber auch auf raffinierte Art und Weise tarnen, zum Beispiel, indem er uns unverfänglich erscheinende Warum-Fragen stellt (»Warum hast du nicht besser aufgepasst? Warum bist du schon wieder müde?«), die aber in Wahrheit eine versteckte Form der Beschuldigung sind (»Das hätte dir nicht passieren dürfen! Das darf doch nicht wahr sein, dass du schon wieder müde bist!«).

2. *Der Antreiber:* Der Antreiber findet, dass wir nie genug machen. Er ist die typische Stimme des Kapitalismus und der Leistungsgesellschaft und er ist derjenige, auf dessen Konto mittlerweile Hunderttausende von Burnout-Erkrankungen jährlich gehen. Sein Motto ist: Es ist nie genug und es geht immer noch etwas mehr. Während er uns »Mehr und schneller« zuruft, schreit sein enger Verwandter, der innere Perfektionist, ständig »Besser, besser, besser!«.
3. *Der Rechtmacher:* Der Rechtmacher ist der, der den anderen gefallen will und sich ihnen anpasst, um gemocht zu werden und Streit aus dem Weg zu gehen. Seine Stimme ist nicht so schrill wie die des Kritikers und Antreibers und daher schwerer zu erkennen. Er fordert uns dazu auf, eigene Bedürfnisse gar nicht erst wahrzunehmen oder sie zu unterdrücken und

uns stattdessen mit den Bedürfnissen der anderen zu beschäftigen. Er sagt: »Was *du* willst, spielt keine Rolle. Finde heraus, was die anderen wollen, und richte dich danach.«

Vielleicht weißt du schon beim Lesen, von welchen dieser drei Gesellen du besonders oft heimgesucht wirst? Wenn nicht, hilft es manchmal, andere Menschen, die dich gut kennen, zu fragen, welche dieser inneren Stimmen sie bei dir vermuten. Das kann dann Anlass für ein sehr spannendes und persönliches Gespräch beispielsweise in der Partnerschaft oder zwischen guten Freunden sein.

Welche innere Stimme begleitet dich besonders gern?

Lass dir einen Moment Zeit, um ein paar typische Sätze zu finden, die besonders oft in dir auftauchen.

Den Quälgeist taufen

Da du nun weißt, welcher Typ dich gerne besucht, kannst du ihn zumindest mit Namen begrüßen, wenn er das nächste Mal bei dir auf dem Sofa sitzt oder beim Spaziergang ungefragt neben dir herläuft: »Hallo, lieber Antreiber, da bist du ja wieder. Was hast du mir denn heute zu sagen? Ach, das kenne ich ja schon, du wiederholst dich ein wenig. Aber gut, bleib hier noch ein bisschen sitzen und dann kannst du aber auch wieder gehen.«

Diese Methode, die von vielen als sehr hilfreich erlebt wird, um Abstand vom Dauernörgler zu gewinnen, nennt sich »Externalisierung«. Dabei wird die Stimme, die ja in uns ist und die wir als Teil von uns erleben, durch Hilfsmittel nach außen verlagert. Eine besonders wirkungsvolle Möglichkeit besteht darin, dem Dauernörgler einen Namen zu geben. Meine Klienten haben ihrer kritischen Stimme schon Namen gegeben wie »Laberheini«, »Kleines Dummerchen«, »Hugo«, »Olaf« oder »kleiner Giftzwerg«. Interessanterweise finden meine Klienten fast nur männliche Namen für diese kritische Stimme.

Der Vorteil der Externalisierung liegt darin, dass wir auf verschiedene Art und Weise einen inneren Abstand zu diesen quälenden Stimmen gewinnen. In meinem Therapieraum habe ich mehrere Handpuppen, die für den Dauernörgler stehen, unter anderem einen (quakenden) Frosch und einen (plappernden) Papagei. Meine Klienten sind jedes Mal wieder sehr verwundert, wenn ich ihnen eine dieser Puppen für die Zeit bis zum nächsten Gespräch mit nach Hause gebe. Fast immer gibt es einen gewissen Widerwillen dagegen, die Stoffpuppe in die Tasche zu stecken und mitzunehmen. Es wirkt, als hätten sie die Befürchtung, ihre innere Stimme würde sich ausbreiten, wenn plötzlich der Papagei auf dem Nachttisch sitzt. Dabei geschieht etwas ganz anderes: Die innere Stimme wird wahrnehmbarer, man erkennt sie besser. Dadurch kann zunächst der Eindruck entstehen, dass die negativen Kommentare sich vermehren.

Das ist so ähnlich, als wenn man in einem Kaufhaus einen Kaufhausdetektiv einstellt, der jeden Tag einen Dieb erwischt. Doch nur weil man vorher nur einmal im Monat einen Dieb gefasst hat, heißt das noch lange nicht, dass der Kaufhausdetektiv die Diebe anzieht und man ihn schnellstmöglich wieder entlassen sollte. Er macht nur etwas sichtbar, was zuvor auch schon vorhanden war. Je mehr Bewusstheit wir für diese inneren Prozesse haben, desto leichter ist es für uns, einen inneren Abstand herzustellen.

Neulich schlug ich in einem Ausbildungsseminar eine Methode vor, die helfen soll, einen inneren Abstand zu unseren Gedanken zu schaffen, ohne dabei gleichzeitig gegen sie anzukämpfen. Sie entstammt der sogenannten Acceptance and Commitment Therapie (ACT) und besteht darin, unerwünschte Gedanken auf Karteikarten zu schreiben und diese Karteikarten in der Hosentasche oder in der Handtasche mit sich herumzutragen. Eine Teilnehmerin fand diesen Vorschlag ziemlich absonderlich. »Warum soll ich etwas, das ich nicht haben will, auf eine Karteikarte schreiben und dann auch noch mit mir herumtragen?«, fragte sie kritisch. Sie machte einen anderen Vorschlag, nämlich die Gedanken auf Karteikarten zu schreiben und sie anschließend zu verbrennen. Ich musste zugeben, dass ich genau diese Methode am Anfang meiner therapeutischen Arbeit auch schon angewandt hatte. Ich hatte sie aber ziemlich schnell wieder aufgegeben, weil ich feststellte, dass meinen Klienten nach dem Verbrennen der Gedanke immer noch kam. Nur erlebten sie den Gedanken nun als noch stärker und sich selbst als noch ohnmächtiger, schließlich hatte ja nicht einmal das Verbrennen geholfen. Es dauerte noch viele Jahre, bis ich begriff, dass wir unsere Gedanken nicht im Griff haben und dass wir zwangsläufig scheitern, wenn wir versuchen, etwas zu kontrollieren, das wir nicht kontrollieren können.

Eine andere Übung, für die man allerdings einen Partner braucht, nennt sich »Spaziergang mit meinem Verstand«. Sie besteht darin, einem Partner einige typische Sätze des inneren Kritikers zu sagen. Anschließend brechen beide zu einem kleinen Spaziergang auf. Der Partner spielt nun den inneren Kritiker, indem er die Sätze des Kritikers regelmäßig wiederholt und seinem Partner ins Ohr flüstert oder laut ausspricht. Vielleicht ahnst du schon, was passiert: Wir sind genervt vom Kritiker, spüren seine Wirkung viel deutlicher als im Alltag und entwickeln einen noch stärkeren Wunsch, ihm seine Sprüche endlich nicht mehr glauben zu müssen.

Verurteile ich mich gerade selbst? Wenn ja, wofür?

Bemerke die Selbstverurteilung und erkenne, dass es nur ein Gedanke ist und nicht die Wahrheit.

WIE WIR SCHMERZLICHE ERFAHRUNGEN WAHRNEHMEN UND TRAGEN KÖNNEN

Hiergeblieben statt: Nix wie weg!

Ein zentrales Element von Selbstmitgefühl ist die Bereitschaft, sich auch mit schmerzhaften Erfahrungen auseinanderzusetzen. Doch eigentlich möchten wir keine schmerzhaften Erfahrungen aushalten und tragen. Jeder lebende Organismus hat die innere Programmierung, angenehme Empfindungen zu suchen und unangenehme zu vermeiden. Jedes Lebewesen möchte am Leben bleiben und dazu ist es notwendig, unangenehme Empfindungen wie Hunger, Schmerz oder Angst zu meiden und angenehme wie Wärme, Wohlbefinden und Freude zu vermehren. Daran ändern auch Achtsamkeit und Mitgefühl nichts, der evolutionär angelegte Impuls ist zunächst einmal »weg vom Unangenehmen, hin zum Angenehmen«. Daher besteht der erste Schritt zum mitfühlenden Umgang mit leidvollen Erfahrungen darin, unsere Fluchtimpulse anzuerkennen und sie besser zu verstehen.

Wir haben oft den Eindruck, dass wir dem Schmerz in unserem Leben nicht gewachsen sind. Beispielsweise fühlen wir uns verzweifelt und sagen innerlich »Ich halte das nicht länger aus«. Dann ist es logisch, dass wir alles probieren, um unseren Schmerz so schnell wie möglich wieder loszuwerden. Fachleute bezeichnen dieses Verhalten als Emotionssuppression, also als den Versuch, ein Gefühl zu unterdrücken. Manchmal wird sogar von einer Emotionsphobie gesprochen, der Angst vor Gefühlen allgemein beziehungsweise ist es meistens die Angst vor bestimmten unangenehmen Gefühlen.

Auch hier reicht der Auslöser oft weit zurück. Eine junge Frau möchte auf keinen Fall wieder die Einsamkeit fühlen, die sie als kleines Mädchen so oft ertragen musste. Die Eltern waren bis in die Abendstunden noch bei der Arbeit und ließen sie alleine zu Hause. Stundenlang schaute sie aus dem Fenster auf die Straße und hoffte, dass die Mama endlich mit ihrem alten Auto um die Ecke biegen würde. Als erwachsene Frau tut sie heute alles, um nicht allein sein zu müssen: Sie verabredet sich ständig, selbst dann, wenn ihr eigentlich schon alles zu viel ist. Im Büro ist sie diejenige, die ständig Überstunden macht, sogar bis tief in die Nacht hinein. Wenn wir vor einem Gefühl davonlaufen, tun wir das aus einer sehr großen inneren Not heraus und der Überzeugung, einer Empfindung nicht gewachsen zu sein. Wir sind nicht einfach feige, sondern wir wissen wirklich nicht, wie wir es hinkriegen sollen. Es gibt also keinen Grund, uns für unsere Nix-wie-weg-Strategien zu verurteilen. Und doch können wir sie bewusster wahrnehmen und nach Wegen suchen, die für uns hilfreicher sind.

Nix-wie-weg-Strategien gibt es viele. Zu den beliebtesten zählen:

- sich ablenken durch Fernsehen, neue Medien, Daueraktivität usw.,

- über die Gefühle nachdenken, statt sie zu fühlen; grübeln, viel reden,
- den Körper gegen Gefühle abschotten, sich anspannen, die Zähne zusammenbeißen, oberflächlich atmen,
- sich die Welt positiv zurechtphantasieren, den Auslöser des Schmerzes gar nicht wahrnehmen.

Auf welche Weise gelingt es dir, unangenehme Gefühle nicht fühlen zu müssen? Was sind deine typischen Nix-wie-weg-Strategien? Lass dir einen Moment Zeit, um deine Lieblingsmethode zu finden. Vielleicht fallen dir auch gleich mehrere Strategien ein, mit denen du Gefühlen aus dem Weg gehst.

1. ______________________________
2. ______________________________
3. ______________________________

Leider sind die meisten Versuche, unsere Gefühle in den Griff zu bekommen, nicht nur anstrengend, sondern auch noch vollkommen wirkungslos, wie gleich mehrere Studien eindrücklich nachweisen konnten. In einer Studie sollten Versuchspersonen Filme anschauen, die Ärger hervorrufen. Die eine Gruppe von Versuchspersonen sollte ihren Ärger unterdrücken, die andere sollte ihn lediglich wahrnehmen. Anschließend erhielten sie den Auftrag, gegen einen vermeintlichen Gegner, der im Nebenzimmer saß, ein Computerspiel zu spielen. Dabei hatten sie die Möglichkeit, den Gegner mit lautem Lärm zu beschallen. Wer vorher seinen Ärger unterdrückt hatte, der drehte nun den Lärm im Nachbarraum besonders laut auf. Das Wegdrücken des Ärgers hatte also nicht bewirkt, dass der Ärger auch tatsächlich abgeklungen wäre, ganz im Gegenteil. Wer hingegen seinen Ärger zeigen durfte, der hatte später ein geringeres Bedürfnis, seinen vermeintlichen Gegenspieler mit Lärm zu nerven. Genauso überzeugend ließ sich dieser Zusammenhang auch bei Angststörungen nachweisen: Wenn Menschen mit starken Ängsten bei einem Experiment den Auftrag erhielten, aufkommende Angstgefühle zu unterdrücken, hatten sie hinterher nicht weniger, sondern mehr Ängste. In der zweiten Gruppe, die einfach gesagt bekam, ihre Angstgefühle wahrzunehmen, kam es zu keiner Zunahme der Angstempfindungen. Ebenso ist mehrfach belegt, dass das Wegdrücken von Gefühlen den Blutdruck erhöhen und die Gedächtnisleistungen einschränken kann.[3]

Wir sind also fleißig damit beschäftigt, uns vor unangenehmen Gefühlen zu drücken, und bewirken damit einen inneren Schlamassel: Die unerwünschten Gefühle lösen sich nicht auf, sondern zeigen sich bei nächster Gelegenheit eventuell nur noch stärker; wir vergeuden unsere Energie und werden zusätzlich mit Anspannung und Stress bestraft.

Verurteile ich mich gerade selbst? Wenn ja, wofür?

Warum ist fühlen gut?

Statt zu versuchen, dem Gefühl zu entkommen, sollten wir uns lieber dem Gefühl zuwenden. Doch warum sollten wir bereit sein, uns für unangenehme Empfindungen zu öffnen? Ergibt das wirklich einen Sinn? Kurzfristig nicht, denn wer seine Gefühle wegdrückt, sich ablenkt, Alkohol oder Drogen konsumiert, ist oft zumindest vorübergehend seine unangenehme Empfindung los. Langfristig schadet er sich aber nur selbst, denn erstens lösen sich unsere Gefühle nur dann auf, wenn sie wirklich gefühlt werden und wir bereit sind, sie anzunehmen. Und zweitens erwerben wir durch die Zuwendung zu unerwünschten Gefühlen eine für uns Menschen ganz wichtige Fähigkeit, die uns insbesondere in sehr schwierigen Lebenssituationen zugutekommt: dann fühlen wir uns nämlich auch schmerzhaften Erfahrungen gewachsen und können sie tragen.

Ein Bekannter erzählte mir einmal, wenn es ihm nicht gut gehe, stelle er sich eine schöne Situation aus seinem Leben vor und versuche, sich möglichst genau an diese Situation zu erinnern. Manchmal gelinge ihm das ganz gut und manchmal sei er frustriert, weil ihn die unangenehme Empfindung nicht loslasse. Selbst wenn diese Strategie gelegentlich funktioniert, so kann man sie nicht empfehlen. Sie führt dazu, dass wir die Fähigkeit, auch unangenehme Empfindungen zu tragen, nicht entwickeln können. Denn dabei lernen wir: Immer wenn ich etwas Unangenehmes empfinde, muss ich irgendetwas tun, damit es möglichst schnell wieder weggeht. Wir werden so zum Nix-wie-weg!-Junkie, ständig auf der Suche nach einer Methode, die uns hilft, unseren schmerzhaften Empfindungen zu entkommen. Über viele Jahrzehnte wurde in der Pädagogik genau diese Strategie empfohlen: Wenn das Kind traurig ist, zeigt man auf den schönen Vogel am Himmel, damit das Kind »wieder auf andere Gedanken kommt« und sich nicht mehr mit der Traurigkeit beschäftigen muss. Heute wissen wir, dass diese Strategie nicht sinnvoll ist. Eltern sollten ihren Kindern vielmehr vermitteln, dass Traurigkeit zum Leben gehört, dass sie kommt und geht. Wer jedoch jeden Anflug von Bedrückung sofort loswerden muss, der kann gar nicht die Erfahrung machen, dass sie auch von alleine wieder abklingt. Wer nie einen Schmerz aushalten musste, wer nie ein unangenehmes Gefühl über einen längeren Zeitraum tragen musste, der entwickelt zwangsläufig eine Heidenangst vor Schmerzen und miesen Gefühlen. Wer jedoch erlebt hat, dass man sich diesen Empfindungen stellen kann, dass sie aushaltbar sind und wieder abklingen, der weiß: Auch wenn es sich nicht gut anfühlt, ich komme damit zurecht.

Wissenschaftler aus der Schweiz fanden heraus, dass nicht nur das Wegdrücken, sondern auch das Nicht-Beachten von Gefühlen problematisch ist.[4] 30 Freiwillige sollten sich entweder ihre Gefühle vergegenwärtigen (»Wie fühle ich mich?«) oder über sich nachdenken (»Wer bin ich?«). Währenddessen wurde die Hirnaktivität der Versuchspersonen mittels funktioneller Magnetresonanz-Tomographie erfasst, einem Verfahren, bei dem genau beobachtet werden kann, welche Hirnareale aktiviert sind. Das erstaunliche Ergebnis: Bei der Gruppe, die entlang der Frage »Wer bin ich?« über sich nachdachte, fand eine höhere Aktivierung der Mandelkerne statt – jenes Hirnareals, das bei emotionaler Erregung aktiviert ist. Doch wie kommt dieses paradox wirkende Ergebnis zustande? Warum ist bei jemandem das Hirnareal für emotionale Verarbeitung aktiviert, der nur über sich selbst nachdenkt? Und warum wurde bei der Versuchsgruppe, die sich direkt mit ihren Gefühlen beschäftigen sollte, eine geringere Aktivierung des Mandelkerns verzeichnet? Was zunächst nicht plausibel erscheint, wird bei genauerem Hinsehen klarer: Sobald bei uns Gefühle aktiviert werden, aber nicht wahrgenommen werden können (schließlich sollte die eine Gruppe über sich nachdenken und war somit anderweitig beschäftigt), bleiben die betreffenden Gefühlsbereiche des Gehirns dauerhaft aktiv. Fühlen wir die Gefühle hingegen bewusst, kann sich das entsprechende Hirnareal wieder herunterregulieren. Wenn ich mich aufrege und darauf achte, wie sich diese Aufregung anfühlt, rege ich mich auch schon wieder ab.

Forscher vergleichen unsere Gefühle mit einem Wecker, der aufhört zu klingeln, sobald man ihn wahrgenommen und dann ausgestellt hat. Genauso ist es mit unseren Gefühlen, die sich erst dann wieder beruhigen können, wenn sie registriert wurden. Wenn ich allerdings den Wecker ignoriere, dann klingelt er unentwegt und wird womöglich immer lauter und unerträglicher. Genau so kann es mit den Gefühlen geschehen, die sich verstärken, wenn wir ihnen keine Aufmerksamkeit schenken.

Gefühle und Selbstmitgefühl

Selbstmitgefühl bedeutet einerseits, dass man die Bereitschaft entwickelt, sich unangenehmen Empfindungen zu stellen. Gleichzeitig meint Selbstmitgefühl auch die innere Haltung, die diesen Prozess erleichtert. Denn nur wer freundlich mit sich umgeht, ist überhaupt zum Tragen leidvoller Erfahrungen in der Lage. Selbstmitgefühl beschreibt also sowohl die *Fähigkeit*, die wir kultivieren können, wie auch den *Weg*, eben diese Stärke zu entfalten. Aber was bedeutet das genau und wie geht das?

Selbstmitgefühl verhilft uns dazu, uns den eigenen Empfindungen zuzuwenden, und zwar nicht, weil wir etwa unsere masochistische Seite auslebten. Vielmehr wissen wir, dass es langfristig noch viel leidvoller wird, wenn wir uns vor dem Schmerz drücken. Manchmal wirkt das paradox, denn zunächst erscheint es oft so, als wäre jener Teil, der uns durch Ablenkung oder andere Strategien von den Empfindungen wegbringt, der wirklich mitfühlende. Doch in Wirklichkeit ist die Nix-wie-weg-Strategie wie eine Droge, von der wir abhängig werden und auf die wir unser weiteres Leben angewiesen bleiben.

Selbstmitfühlender Umgang mit innerem Schmerz geht in etwa so: Sobald eine leidvolle Erfahrung auftaucht, nehmen wir sie wahr. Wir spüren die Empfindungen in unserem Körper und fragen uns, welches Gefühl es genau ist, das sich uns gerade zeigt. Ist es Traurigkeit, Angst, Verzweiflung, Ohnmacht, Wut oder Scham? Wir versuchen nicht, es wegzudrücken, sondern lassen es ganz und gar zu. Wir bleiben bei der

Empfindung, damit sie ganz gefühlt werden kann. Unser Körper ist durchlässig genug, so dass wir das Gefühl überhaupt spüren können. Unser Atem darf frei fließen, wie er fließen möchte; vielleicht ist unser Mund geöffnet, damit wir das Gefühl leichter wahrnehmen können. Sobald der Impuls aufkommt, uns von dem Gefühl abzulenken, darüber nachzudenken oder es irgendwie zu bewerten, lassen wir diese Gedanken gleich wieder los und wenden uns wieder der Empfindung zu. Zugleich sind wir freundlich und wohlwollend mit uns und unserem Schmerz. Wir haben Mitgefühl dafür, wie schmerzhaft es ist, sich diesem Gefühl zuzuwenden und dabei zu verweilen. Wir wissen, anderen ergeht es ähnlich wie uns, wir sind nicht allein, unsere Empfindungen sind kein selbstverschuldeter Fehler, sondern Teil menschlichen Lebens.

So weit zumindest die Theorie. In der Praxis sieht das Ganze dann aber ein bisschen anders aus: Oft sind wir solche Experten im inneren Wegbeamen, dass wir noch nicht einmal wissen, welches Gefühl uns gerade quält. Ich kenne Menschen, die schon seit Jahren oder gar Jahrzehnten nicht mehr geweint haben oder die mittlerweile so weit von ihren Gefühlen entfernt sind, dass sie zu ihnen gar keinen Zugang mehr haben. Manchmal leiden sie sehr darunter, weil ihnen mit den Emotionen auch die Lebendigkeit und Intensität des Lebens abhandengekommen sind. Oftmals merken wir noch nicht einmal, wie wir uns von schmerzhaften Empfindungen entfernt haben, denn unser Körper und unser Geist sind hochgradig automatisiert im Wegdrücken unerwünschter Gefühle. Im ungünstigsten Fall werden sogar nicht nur unangenehme Gefühle weggedrückt, sondern ebenso die angenehmen.

Uns unseren Gefühlen wirklich zuzuwenden, ist daher ein längerer Prozess. Ich habe ihn in meinem Buch *Ruhe ihr Quälgeister* genauer beschrieben, als ich es hier tun kann.

Für mich persönlich war es ein großer Schritt, meine Gefühle kennenzulernen und mir vor allem meine Angst einzugestehen und sie wahrzunehmen. Lange hatte ich von mir das Bild, ich hätte eigentlich kaum Angst, doch bei genauerem Hinspüren stellte ich fest, dass das ganz und gar nicht stimmte. Im Gegenteil, ich gestand mir nach und nach ein, dass ich in vielen kleinen und großen Situationen voller Angst war und auch heute oft noch bin: Die Angst, mir selbst oder einem geliebten Menschen könnte etwas zustoßen; die Angst, etwas zu sagen, was dem anderen missfallen könnte; die Angst, den Autoschlüssel verloren zu haben oder eine Aufgabe nicht rechtzeitig fertigstellen zu können. Als ich langsam anfing, mir all meine Ängste einzugestehen, kam es mir irgendwann so vor, als ob ich nur noch aus Angst bestünde. Zwischendurch hatte ich den Eindruck, vollkommen auf dem Holzweg zu sein, denn je mehr ich mich mit meiner Angst beschäftigte, desto stärker schien sie zu werden. In Wirklichkeit war es aber ein gutes Zeichen, denn die lange weggedrückten Empfindungen durften sich jetzt endlich zeigen. Das Wahrnehmen meiner Angst war nur der erste Schritt eines selbstmitfühlenden Umgangs mit meinen Gefühlen. Erst später stellte ich fest, dass ich meine Angst insgeheim verurteilte und der Überzeugung war, ich sollte keine Angst haben. Auch dachte ich, dass es irgendeine Methode geben müsste, um Angst zu überwinden. Der nächste Schritt bestand darin, mein Leben mit Angst anzunehmen. Heute weiß ich, dass es kein Leben ohne Angst gibt und dass ich nichts falsch mache, wenn ich ängstlich bin. Meine Angst darf meistens da sein und ich habe aufgehört, sie loswerden zu wollen.

Wie sich Gefühle durchfühlen lassen

Hilfreich im Umgang mit Gefühlen ist die WAS-Fertigkeit. WAS steht für: *Wahrnehmen, Annehmen* und *Still damit sein.*

Wenn wir mit einer schmerzhaften Empfindung konfrontiert sind, sollten wir sie wahrnehmen und spüren und nicht dagegen kämpfen, sondern ihr mit einer inneren Bereitschaft zum Fühlen begegnen und ihr Raum geben. Auch das mag wieder recht einfach klingen, ist aber in der Umsetzung oft sehr schwierig. Allein das Wahrnehmen unserer Gefühle stellt eine sehr große Herausforderung dar. Unser Körper spannt sich gegen unsere Gefühle an: Wir beißen die Zähne zusammen und atmen flach und oberflächlich, um ja nichts fühlen zu müssen. Atmen wir hingegen durch den geöffneten Mund, ganz so wie kleine Kinder das machen, sind wir natürlicherweise besser mit unseren Gefühlen verbunden. Dann können wir uns innerlich fragen, welches Gefühl wir gerade wahrnehmen. Wenn wir unser Gefühl so gespürt und angenommen haben, kommt das letzte Element, nämlich still damit sein. Damit ist gemeint, dass wir mit dem Gefühl nichts machen müssen.

Eine sehr verbreitete Falle besteht darin, dass wir beginnen, über unser Gefühl nachzudenken: Warum bin ich nur so traurig? Was hat mich so traurig gemacht? Wann war ich in meinem Leben zuvor traurig? Meistens bringen uns diese Gedanken nur vom Gefühl weg. Deshalb reicht es vollkommen aus, die Traurigkeit zunächst nur zu fühlen; über ihre Hintergründe können wir uns später noch Gedanken machen.

Verurteile ich mich gerade selbst? Wenn ja, wofür?

Am Beispiel von Ärger lässt sich gut zeigen, wie bewusstes Fühlen genau ablaufen kann. Wir nehmen wahr, wie sich Ärger langsam aufbaut oder plötzlich in uns entfacht wird. Meistens spielen Gedanken eine große Rolle, wenn Ärger entsteht – und auch diese Gedanken nehmen wir einzeln wahr. Wir meinen vielleicht, jemand habe uns schlecht behandelt oder sich uns gegenüber unverschämt verhalten. Wir denken darüber nach, wie wir unseren Ärger ausdrücken könnten, wünschen dieser Person Schlechtes oder überlegen sogar, wie wir ihr schaden könnten. Manchmal kommen uns Bilder oder gar Handlungsabläufe in den Sinn und wir malen uns Rachephantasien aus.

Die große Herausforderung besteht nun darin, die Gedanken, inneren Bilder und Filme einfach als solche zu erkennen und sie nicht für Tatsachen zu halten. Ärger ist mit vielen Körperempfindungen verbunden, wir nehmen vielleicht Kraft und Lebendigkeit wahr, aber auch Anspannung, Druck oder Unruhe. Und auch diese Empfindungen werden nur beobachtet, sie dürfen sein, wir schenken ihnen aber nicht allzu viel Aufmerksamkeit. Der rote Faden, an dem wir uns immer orientieren, ist das Gefühl selbst. Irgendwann hat die Ärgerwelle ihren Höhepunkt überschritten und ebbt langsam ab. Den Übergang können wir achtsam begleiten und dadurch besonders deutlich spüren, dass Ärger tatsächlich in einer Welle verläuft.

Wenn der Ärger dann weiter abklingt, begegnen wir uns selbst mit viel Mitgefühl und Annahme und erforschen, welche Empfindungen hinter dem Ärger verborgen liegen. Meistens sind es Empfindungen von Kränkung und Angst, Hoffnungslosigkeit, Scham oder Schuld. Wenn wir sehr erfahren sind, enttarnen wir vielleicht schon während unseres Surfens auf der Ärgerwelle, welche Gefühle sich in Wahrheit darunter verbergen.

Ärger ist für das bewusste Fühlen eine ganz besondere Herausforderung, da es sich um ein aktives Gefühl handelt, das nach einer Handlung verlangt. Wenn man wirklich verärgert ist, möchte man den anderen anschreien oder ihn gar beleidigen. Das nicht zu tun und stattdessen still bei dem Gefühl zu bleiben, gehört mit zum Schwierigsten, was der heilsame Umgang mit Gefühlen zu bieten hat.

Vielleicht erinnerst du dich an eine Situation, in der du richtig verärgert warst? Liegt sie schon etwas länger zurück oder passierte sie womöglich erst vor Kurzem?

Ruf dir ins Bewusstsein, wie du mit deinem Ärger umgegangen bist und welche Folgen das hatte.

Nun stell dir die Frage, was sich in dieser Situation verändert hätte, wenn du auf die oben beschriebene Art und Weise mit deinem Ärger umgegangen wärst.

Freundliche Sätze in schwierigen Zeiten

Das Leben hält so manches für uns bereit, das extrem schmerzhaft ist: eigene schwere Krankheit, Tod oder Krankheit eines geliebten Menschen, das Auseinanderbrechen einer Familie, ungewollte Kinderlosigkeit oder das Abwenden der eigenen Kinder, längerfristige Arbeitslosigkeit und sozialer Abstieg, schwere Behinderungen und Pflegebedürftigkeit. All das sind Beispiele für Zumutungen, die das Leben uns aufzwingt, ohne um Erlaubnis zu fragen. Wenn uns das Leben mit einer wirklichen Herausforderung konfrontiert, dann sind wir gefordert, besonders freundlich mit uns umzugehen.

Meistens gibt es einen inneren Widerstand gegen das Schmerzhafte, dem man sich im Leben stellen muss. Wir wollen eben nicht krank sein, einen geliebten Menschen verlieren oder mit anderen Verlusten konfrontiert sein. Also sagen wir Nein: Nein, das will ich nicht. Wir klagen das Leben an und beschweren uns über die Ungerechtigkeit der Welt. Dieser innere Widerstand gegen das, was uns widerfahren ist, kreiert eine Energie, die sich oft genug gegen uns selbst richtet. Statt in einer solchen Situation freundlich mit sich umzugehen, verurteilen wir uns oder geben uns womöglich selbst die Schuld an dem Ereignis. Eine ehemalige Klientin verurteilte sich dafür, dass sie Darmkrebs bekommen hatte, und gab sich selbst die Schuld dafür, weil sie ihrer Meinung nach zu viel Fleisch gegessen hatte. Neben dem Leid der Krebserkrankung musste sie auch noch das Leid der Selbstverurteilung tragen, eine doppelte Dosis, unter der sie schließlich zusammenbrach.

In schwierigen Situationen, die mit schmerzhaften Gefühlen einhergehen, können wir aus einer selbstmitfühlenden, inneren Haltung heraus mit uns sprechen. Angelehnt an eine Übung der Mitgefühlslehrer Kristin Neff und Christopher Germer schlage ich folgende Sätze vor, die wir uns in solchen Situationen sagen können:

- *Dies ist ein schmerzlicher Augenblick.*
- *Schmerzhafte Erfahrungen gehören zum Leben und dürfen da sein.*
- *Möge ich bereit sein, diese Empfindungen anzunehmen und mich ihnen mit Wohlwollen und Freundlichkeit zuzuwenden.*

Diese oder ähnliche Sätze können wir zu uns sagen, wenn wir gerade mit einer Herausforderung konfrontiert sind, die mit schmerzhaften Gefühlen verbunden ist. Natürlich können wir diese Sätze auch in den vielen kleinen Alltagssituationen zu Hilfe nehmen, in denen wir eine Enttäuschung, Zurückweisung, Frustration, ein Misslingen und so weiter erleben. Wir versuchen ganz bewusst, dem inneren Drang zu widerstehen, unser schmerzendes Erleben möglichst schnell beenden zu wollen. Stattdessen versuchen wir eine offene Haltung einzunehmen, die uns dabei unterstützen kann, die dazugehörenden Gefühle und Gedanken wahrzunehmen und zu tragen. Wenn uns etwas einfällt, das uns dabei hilft, auf eine freundliche Art mit diesen Empfindungen umzugehen, dann ist das natürlich sehr wünschenswert. Wir können daher noch einen Satz ergänzen, der beispielsweise so lauten kann:

Diese schmerzliche Erfahrung zu tragen und freundlich mit mir umzugehen, fällt mir leichter, wenn ich …

- *mit jemand anderem darüber spreche.*
- *mein Empfinden aufschreibe.*
- *jetzt einen Spaziergang mache.*
- *das Gefühl einige Zeit fühle und dann einen schönen Film schaue.*
- *mir klarmache, dass Widerstand und innerer Kampf nur zu noch mehr Leid führen.*
- *und vieles mehr.*

Diese Übung gehört neben der Selbstverurteilungsfrage und der Selbstmitgefühlsfrage zu den drei Übungen, die ich in diesem Buch vorschlage. Nach meiner Erfahrung ist es viel wirkungsvoller, sich auf einige wenige Übungen zu konzentrieren, als immer neue Techniken auszuprobieren. Es ist hilfreich, diese Übungen in deinen Alltag zu integrieren.

WIE WIR UNS MIT WOHLWOLLEN UND FREUNDLICHKEIT BEGEGNEN KÖNNEN

Freundlich mit sich sprechen

Stell dir folgende Situation vor: Du bist krank, vielleicht hast du eine Grippe und bist allein zu Hause. Du hast Schmerzen, kannst kaum Schlafen, magst nichts essen. Wenn du dich hinlegst, tut dir nach einiger Zeit der ganze Körper weh, und wenn du aufstehst, bist du rasch so erschöpft, dass du dich gleich wieder hinlegen musst. Stell dir vor, du würdest in etwa folgendermaßen mit dir sprechen: »Mensch du Arme, alles tut dir weh, hoffentlich ist das bald vorbei. Vielleicht gibt es etwas, das dir die Situation etwas erträglicher macht? Magst du vielleicht ein Hörspiel hören oder kurz mit einer guten Freundin telefonieren?«

Und nun stell dir vor, du würdest stattdessen Folgendes zu dir sagen: »Kein Wunder, du hättest besser aufpassen sollen! Du wusstest, dass deine Freundin Grippe hat, und du Idiotin gehst da auch noch hin. So ein verdammter Mist, grad jetzt krank zu werden. Morgen ist ein wichtiger Termin, da kannst du einfach nicht fehlen.«

Wie würde es dir gehen, wenn du so mit dir sprechen würdest?

Freundlich und wohlwollend mit sich zu reden, ist eine wichtige Fähigkeit, die wir gerade in schwierigen Situationen dringend brauchen. Kinder erwerben diese Fähigkeit, wenn Eltern oft genug einen freundlichen Dialog mit ihnen führen, sie in schwierigen Situationen trösten oder verständnisvoll mit Schwächen und Missgeschicken umgehen. Ein solches inneres Selbstgespräch meint nicht, dass wir tatsächlich Sätze zu uns sagen, wie ich sie eben formuliert habe. Diese Sätze sind eher der Versuch, unsere innere Haltung uns selbst gegenüber in Worte zu fassen. Freundlich mit sich zu sprechen, kann Verschiedenes bedeuten:

- den Schmerz anerkennen: *Es tut weh, so etwas zu erleben, das ist ganz natürlich.*
- Verbindung herstellen: *Anderen kann es auch so ergehen, du bist nicht alleine.*
- sich selber beruhigen: *So schlimm ist das nicht. Du kannst ruhig bleiben.*
- der Selbstkritik entgegentreten: *Es gibt keinen Grund, sich zu verurteilen. Sei nicht so hart zu dir selbst.*
- eine liebevolle Grundhaltung einnehmen: *Du darfst so sein, wie du bist.*
- perfektionistische Tendenzen durchschauen: *So wie du es gemacht hast, ist es völlig okay. Du hast dein Bestes gegeben, das ist gut so.*
- Vergleiche mit anderen sein lassen: *Ich muss nicht so sein und mich so verhalten wie die anderen. Die anderen sich nicht besser als ich.*

Solche Sätze zu unseren »Lieblingsmenschen« zu sagen, ist für uns oft selbstverständlich. Ähnlich mit uns selbst zu sprechen, kommt vielen nicht im Entferntesten in den Sinn. Um das freundliche Selbstgespräch zu fördern, braucht es daher meistens eine Hilfestellung. Denn es funktioniert nicht, wenn wir uns bloß vornehmen, zukünftig freundlicher mit uns zu reden, uns fehlen da sozusagen die Worte. Hilfestellungen gibt es gleich mehrere.

Du kannst dir vorstellen, wie ein Mensch, der zu großem Mitgefühl in der Lage ist, auf dich blickt und dir mit Mitgefühl und Freundlichkeit begegnet. Was würde dieser Mensch zu dir sagen? Dies kann eine Person sein, die du persönlich kennst, vielleicht begegnest du ihr hin und wieder? Oder es ist jemand, den du aus deiner Kindheit kennst. Vielleicht ist es aber auch eine Person, der du nie begegnet bist, eine Filmfigur oder eine öffentliche Person, von der du schon mal etwas gehört oder gelesen hast.

Es kann auch eine spirituelle Figur sein. Ich habe gehört, dass es in der Nähe von Stockholm einen Schlosspark gibt, in dem die schwedische Kirche zur Meditation und zum Verweilen Steinkugeln mit spirituellen Texten aufgestellt hat. Auf einer dieser Kugeln steht: »Hilf mir, mich selbst so anzusehen, wie *du* mich ansiehst«. Wer mit einer liebevollen Gottesvorstellung aufgewachsen ist und dazu weiterhin einen Bezug hat, für den kann es sehr hilfreich sein, sich Gott oder Jesus Christus als liebevolle Person vorzustellen und sich zu überlegen: »Wie würde Gott oder Jesus jetzt zu mir sprechen?«

Möglicherweise stellst du dir ein Wesen aus deiner Phantasie vor, eine innere weise Frau etwa oder einen weisen alten Mann, einen Schutzengel auf einer Wolke, ein inneres Krafttier oder ein tatsächliches Tier. Vielleicht hat dich als Kind schon mal so ein weises und liebevolles Wesen begleitet, dem du jetzt als Erwachsener wieder begegnen könntest?

Vielleicht fällt es dir aber generell schwer, dich selbst mit den Augen eines anderen zu betrachten und deine Empfindungen in den Mittelpunkt zu stellen. Dann kannst du dir alternativ vorstellen, dass ein Mensch, der dir lieb ist, sich in genau deiner Situation befindet. Was würdest du diesem Menschen sagen? Welche Worte würdest du verwenden, um ihn oder sie zu unterstützen? Beispielsweise stellst du dir vor, wie du zu deinem eigenen Kind sprechen würdest.

Eine weitere Möglichkeit besteht darin, dir selbst als Kind zu begegnen und deinem inneren Kind Freundlichkeit und Mitgefühl entgegenzubringen. Statt mit sich selbst als erwachsenem Menschen zu reden, sprichst du also zu deinem kindlichen Anteil. Diese Methode ist hilfreich weil es uns in der Regel viel leichter fällt, mit einem Kind unterstützend und wohlwollend zu sprechen als mit einem Erwachsenen. Wenn du beispielsweise traurig oder erschöpft bist, dann würdest du dir vorstellen, wie du mit dem erschöpften oder traurigen inneren Kind sprichst und es tröstest.

Welche dieser Möglichkeiten erscheint dir für dich persönlich am einfachsten? Vielleicht liest du die verschiedenen Möglichkeiten noch einmal durch, um dir klarer zu werden.

Nach meiner Erfahrung ist dies eine sehr kraftvolle und hilfreiche Übung, die jedoch einiges Training benötigt. Liebevoll mit sich zu sprechen, lernen wir nicht in fünf Minuten, es ist eher wie das schon erwähnte Erlernen einer Fremdsprache. Wenn dich diese Übung anspricht, dann könntest du es dir zur Gewohnheit machen, in den nächsten Tagen oder Wochen einen freundlichen Selbstdialog zu beginnen. Nimm Dir etwa vor, freundlich mit dir zu sprechen, wenn dich leidvolle Empfindungen quälen. Oder du praktizierst es vor dem Einschlafen oder in Situationen, in denen du etwas Zeit hast.

Das Zauberwort »möge«

Eine ausgesprochen kraftvolle Übung ist die Liebende-Güte-Meditation, die aus dem Buddhismus stammt. Sie besteht darin, positive Wünsche für andere und für sich selbst zu formulieren und diese innerlich oder laut zu sprechen. Typische Wünsche für einen selbst sind beispielsweise:

- *Möge ich Frieden finden.*
- *Möge ich sicher sein.*
- *Möge ich glücklich sein.*
- *Möge ich lernen, mit Leichtigkeit und Wohlbefinden zu leben.*
- *Möge ich meine Lebensumstände annehmen.*

Du kannst ausprobieren, was geschieht, wenn du diese Sätze innerlich sagst oder sie laut aussprichst. Vielleicht wählst du eine besonders freundliche Stimmlage, so als würdest du zu einem Menschen sprechen, der dir besonders lieb ist. Zunächst kannst du einen Satz auswählen oder dir selbst einen überlegen, der dich am meisten anspricht. Hast du ihn gefunden?

Dann sage ihn zu dir und achte dabei auf deine Empfindungen.

Das Wort »möge« klingt für unsere Ohren zunächst einmal ungewohnt. Wir verwenden normalerweise andere Begriffe. Wir sagen etwa »Ich möchte glücklich sein«, »Ich will glücklich sein!«, »Ich will alles tun, damit ich glücklich bin« oder manchmal sogar: »Ich habe ein Recht darauf, glücklich zu sein.« Vielleicht nimmst du beim Lesen schon wahr, dass diese Sätze irgendwie anders klingen als der Satz »Möge ich glücklich sein.« »Möge« beinhaltet niemanden, der etwas tut oder einen Anspruch auf etwas hat. Es wird zwar ein Wunsch formuliert, ich erwarte aber nicht dessen Erfüllung. Ob er sich erfüllt oder nicht, liegt nicht in meiner Hand. Mit »möge« ist ein hoher Grad an Hingabe, Bescheidenheit und Demut verbunden. Es ist eine eher spirituelle Haltung, mit der wir unser Schicksal sozusagen in Gottes Hand legen. Im Gebet »Vater unser« heißt es:

»Dein Wille geschehe« und genau diese Haltung liegt in dem Wörtchen »möge«.

Um etwas zu bitten, eine Sehnsucht auszudrücken, den eigenen Entwicklungswunsch zu formulieren, all das kann eine wohltuende innere Ausrichtung sein. Diese Möge-Wünsche sprechen nicht unseren Verstand an, sondern unser Herz. Sie erreichen uns auf einer nicht kognitiven Ebene und haben vor allem das Anliegen, die Energie des Mitgefühls in uns zu stärken. Nach meiner Erfahrung tun sich manche Menschen mit dem Begriff »möge« schwer. Vielleicht kommt er uns irgendwie unnatürlich vor oder wir sind zu sehr daran erinnert, etwas zu mögen, im Sinne von gut finden. Eine Alternativformulierung könnte lauten:

Sei es mir vergönnt, dass ich glücklich und zufrieden bin.

Vielleicht findest du auch eine ganz andere Formulierung? Du kannst jede verwenden, in der der Aspekt der Hingabe deutlich wird.

Auch diese Übung kannst du dir zur Gewohnheit machen. Du kannst beispielsweise jeden Tag mit einem solchen Wunsch beginnen.

Wenn du regelmäßig meditierst, kannst du zu Beginn der Meditation etwa den Wunsch »Möge ich wach und annehmend allen Empfindungen gegenüber sein« formulieren. Oder am Ende der Meditation zu dir sagen: »Möge mich mein achtsames Bewusstsein während des Tages begleiten.« Gerade als Einstieg in den Tag ist ein solcher hingebungsvoller Wunsch sehr wirkungsvoll.

Die Selbstmitgefühlsfrage

Es gibt eine ausgesprochen wirkungsvolle Frage, die ich genau so einfach wie gut finde und die nach meiner Erfahrung besonders dafür geeignet ist, mehr Selbstmitgefühl in unseren Alltag zu bringen. Zusammen mit der Frage zur Selbstverurteilung, die uns ja schon mehrmals begegnet ist, bildet sie den Kern der Übungen für mehr Selbstmitgefühl im Alltag, die ich in diesem Buch vorschlage.

Diese Frage lautet: »*Wenn ich es gut mit mir meine, was würde ich jetzt tun?*« Es gibt verschiedene Formulierungsmöglichkeiten, etwa die folgenden:

- *Wenn ich Selbstmitgefühl für mich empfinde, was würde ich jetzt tun?*
- *Wenn ich freundlich zu mir bin, was würde ich jetzt tun?*
- *Wenn ich Ja zu mir sage, was würde ich jetzt tun?*

Wähle diejenige aus, die dir am meisten zusagt. Vielleicht findest du auch noch eine andere Formulierung, die für dich besser passt?

Ebenso wie die Frage zur Selbstverurteilung geht es auch bei dieser Frage darum, sie sich immer wieder zu stellen, am besten mehrmals am Tag und in den unterschiedlichsten Situationen. Natürlich lässt sich diese Frage auch in einer Krise nutzen, in besonders schwierigen Situationen und an ganz miesen Tagen. Aber gedacht ist sie vor allem als Alltagsübung zur Selbsterforschung der wahren Bedürfnisse.

Ich habe diese Übung über mehrere Monate hinweg immer wieder gemacht und mir bestimmt 20-mal am Tag innerlich diese Frage gestellt. Die Antworten waren meistens unspektakulär, wie der Alltag eben so ist: Mal erkannte ich, dass ich eine Pause machen oder die Arbeit für den Tag ruhen lassen sollte. Oft entdeckte ich kleine Selbstverurteilungen, die ich beenden konnte. Immer wieder waren unangenehme Empfindungen da, die ich durch eine Tätigkeit zu überdecken versuchte oder die ich zunächst gar nicht wahrgenommen hatte und die sich nur als »irgendwie schlechte Laune« bemerkbar machten.

Es gibt eine abgewandelte Form dieser Übung, in der es um eine freundliche Rückschau auf den vergangenen Tag und um einen positiven Ausblick auf den nächsten geht. Man kann sie beispielsweise vor dem Zubettgehen oder nach dem Aufwachen machen. Du stellst dir dabei eine der folgenden Fragen:

1. *Wenn ich heute freundlich zu mir gewesen wäre, dann hätte ich …*
2. *Wenn ich morgen freundlich zu mir bin, dann werde ich …*

Als ich mir neulich die zweite Frage gestellt habe, ist Folgendes dabei herausgekommen:

Wenn ich morgen freundlich zu mir bin, dann werde ich …

… zwischen den Kliententerminen gar nichts machen, einfach nur eine Pause einlegen.

Wenn ich morgen freundlich zu mir bin, dann werde ich …

… rechtzeitig aufstehen, damit ich morgens alles in Ruhe machen kann.

Wenn ich morgen freundlich zu mir bin, dann werde ich …

… mein Smartphone den Vormittag über ausgeschaltet lassen.

Wenn ich morgen freundlich zu mir bin, dann werde ich …

… zwischendurch meinen Atem bewusst wahrnehmen.

Wichtig bei solchen Frage-Übungen ist, dass es in erster Linie nicht um ein Nachdenken über das jeweilige Thema geht, sondern eher um ein inneres Zurücktreten; darum einen Raum zu schaffen, in dem die Antworten auftauchen können. Es gibt eine einfache Hilfestellung, die darin besteht, die Frage mehrmals zu wiederholen und sie jeweils neu zu beantworten.

Die Selbstverurteilungsfrage hat uns ja schon einige Zeit begleitet. Wir tauschen diese Frage nun gegen die Selbstmitgefühlsfrage aus, die von nun an bis zum Ende dieses Buches immer wieder auftauchen wird. Lass dir jedes Mal, wenn du die Frage liest, einen Augenblick Zeit, um wahrzunehmen, was Selbstmitgefühl in diesem Augenblick für dich bedeuten könnte und was dir im Moment gut täte.

Wenn ich es gut mit mir meine, was würde ich jetzt tun?

Während wir uns in diesem Buch viel mit der inneren Haltung zu uns selbst beschäftigen, geht es auch um ganz konkrete Verhaltensweisen: etwas tun, das gerade gut für uns ist, etwas unterlassen, das uns schadet. In den allermeisten Situationen geht es dabei nicht um die großen Lebensentscheidungen, sondern um kleine Alltagsdinge: den Kindern eine Mittagspause verordnen und selbst mal zur Ruhe kommen, sich Zeit nehmen, um wieder mal in die Natur zu gehen, sich entspannter hinsetzen. All das ist Selbstmitgefühl.

Wenn sich nichts ändern muss

Eines Morgens saß ich auf meinem Meditationskissen und begann meine ganz normale Morgenmeditation. Doch während dieser Meditation kam mir eine Erkenntnis, die ich in dieser Klarheit nie zuvor erfahren hatte und die ich auch nie wieder vergessen werde. Ich wusste plötzlich, dass ich gar nicht anders werden muss als ich bin. Ich konnte glasklar sehen: *Ich darf genau so sein wie ich bin, mit meinen Fehlern und Schwächen, mit meinen Gefühlen, die nicht immer schön sind, mit dem, was mir in diesem Leben möglich ist und dem, was mir in diesem Leben nicht möglich ist. Und auch das, was mir in meinem Leben nicht gefällt, darf so sein wie es ist und muss gar nicht anders werden.* Es war kein Gedanke, keine Idee, es war eine absolute Gewissheit ohne jeden Zweifel. Als mir das klar wurde, stellten sich Frieden und Ruhe ein, Erleichterung und Freude. Diese Situation liegt nun schon etwas länger zurück, aber ich kann die tiefe Freude noch immer nachfühlen. Es war ein bisschen so, als wäre ich aus einem schrecklichen Albtraum erwacht und erkannte plötzlich, dass alles nur ein übler Traum gewesen war, der nichts mit der Realität zu tun hatte. Nach der Meditation kehrte mein kritischer Geist langsam wieder zurück und heute kann ich locker wieder einiges aufzählen, was ich dringend ändern sollte. Trotzdem ist jetzt etwas anders, weil ein Teil von mir weiß, dass der ganze Änderungswahn absolut überflüssig und unnötig ist.

Ich habe lange nach einem Bild oder einem Vergleich gesucht, um dieses Empfinden von »Es darf so sein wie es ist« als Erfahrung weitergeben zu können, schließlich bin ich fündig geworden: Vielleicht hast du schon mal um das Leben eines geliebten Menschen oder eines Haustiers gebangt? Ein Familienmitglied hat vielleicht einen schweren Unfall erlitten und dich erreicht ein Anruf aus dem Krankenhaus. Ein geliebter Mensch kommt vom Arzt und berichtet von einem kritischen Befund. Das Haustier ist verschwunden oder frisst schon seit Tagen nicht mehr. Wenn du eine solche Situation schon einmal erlebt hast, versuche dich daran zu erinnern, welche Empfindungen du damals hattest. Vielleicht erinnerst du dich daran, dass in jener Situation der ganze

Alltagsärger über die andere Person plötzlich verschwunden war und stattdessen nur noch Liebe für sie existierte, verbunden mit dem Wunsch, ihr möge es gut gehen.

Das Gleiche schildern Menschen, die selbst eine kritische Diagnose erhalten haben oder einmal mit dem Tod gerungen haben: Plötzlich erkannten sie, welch unglaubliches Paradies diese Erde trotz aller Schrecklichkeiten ist; jeder Tag unseres Lebens, den wir gesund und schmerzfrei erleben dürfen, ist ein unbeschreibliches Geschenk. Während man zuvor vielleicht an irgendwelchen Alltagsproblemen fast verzweifelt ist, existieren diese Probleme und Themen plötzlich nicht mehr. Stattdessen werden die Fülle der Existenz und das pure Leben sichtbar.

Wenn ich es gut mit mir meine, was würde ich jetzt tun?

Wie Annahme gelingt

Ein sehr bekanntes Psychotherapiebuch heißt *Ich bin o.k., du bist o.k.* Auch wenn der Titel etwas flapsig daherkommt, der Wunsch sich selbst okay zu finden und die geliebten Menschen im Umfeld anzunehmen, wie sie sind, ist einer der großen Wünsche, den nicht wenige von uns haben. Wir versuchen viel, um mehr Annahme in unser Leben zu bringen.

Besonders gern probieren wir es mit einer Methode, die leider ebenso simpel wie unwirksam ist: Wir nehmen uns vor, uns zu mögen. Letztlich ist das eine Form des positiven Denkens, worüber ich schon berichtet habe. Man versucht, sich zu sagen: »Mensch, ich bin doch eigentlich okay.« Nur leider glaubt man sich selber nicht, denn der innere Kritiker hat nach wie vor mehr Gewicht als jede andere Instanz in uns. Damit es vielleicht doch noch klappt mit der Selbstannahme empfehlen viele Ratgeberbücher, Eigenschaften an sich zu suchen, die man mag. Man soll also aufschreiben, worauf man stolz ist oder was man besonders gut kann. Falls auch das nichts hilft und man sich immer noch dafür verurteilt, dass man unordentlich ist oder im Job den nötigen Biss vermissen lässt, wird oft das sogenannte Reframing vorgeschlagen. Dabei soll man sich klarmachen, welche positiven Seiten die ungewünschte Eigenschaft hat. Wer unordentlich ist, der ist offensichtlich in der Lage, Chaos auszuhalten oder neigt zur Spontaneität. Doch auch mit all diesen Bemühungen kommen wir der Selbstannahme nicht wirklich näher, weil wir nämlich darin gefangen bleiben, Anteile und Eigenschaften unseres Wesens zu beurteilen und auch zu *ver*urteilen. Sobald wir aber Teile von uns negativ bewerten, lehnen wir uns als ganze Person ab. Wirkliche Selbstannahme bedeutet, *allen* Eigenschaften und Empfindungen zuzustimmen. Die einzige wirkliche Lösung besteht darin, sämtliche Vorstellungen von Gut und Schlecht aufzugeben und stattdessen einfach nur wahrzunehmen, was ist. Das könnte dann beispielsweise so klingen:

Aha, ich habe eine etwas lange Nase, bin manchmal ungeduldig mit meinen Kindern und wenn ich gestresst bin, kann ich ziemlich unausstehlich sein. Ich habe keinen Einfluss darauf gehabt, wie diese Eigenschaften entstanden sind. Die lange Nase hatte meine Mutter auch schon und die Ungeduld scheine ich von meinem Vater geerbt zu haben, jedenfalls hat der sie auch. Ich sehe, dass ich einiges in meinem Alltag verändern kann, um geduldiger zu werden, und diese Möglichkeiten werde ich nutzen. Ich werde mich für diese Verhaltensweisen aber nicht verurteilen, dazu gibt es keinen Grund.

Sobald wir *wirklich* bereit sind, das wahrzunehmen, was ist, verpufft jeder Veränderungswunsch. Wenn ich zu mir selbst sagen kann: »Ganz gleich welche Empfindungen in mir sind, ich bin bereit, sie zu fühlen und sie nicht zu bekämpfen«, hört der innere Kampf auf und Frieden und Gelöstheit stellen sich ein. Du brauchst dich dabei keinen Millimeter zu verändern, du brauchst nur zuzustimmen, so zu sein, wie du schon bist. Daher geht es weit mehr um Annahme als um Veränderung. Wer tiefes inneres Glück sucht, der muss nichts verändern, der braucht »nur« Ja zum Leben zu sagen. Wahrer innerer Friede tritt ein, wenn wir endlich nicht mehr anders werden müssen, als wir sind.

Letztlich geht es bei Annahme immer darum, das Gefühl anzunehmen, das mit dem jeweiligen Ereignis beziehungsweise der Tatsache verbunden ist.

Wenn ich den Tod eines geliebten Menschen annehmen möchte, dann muss ich meine eigene Trauer und mein Gefühl, verlassen worden zu sein, annehmen und bereit sein, mich diesem Gefühl zu öffnen. Im Kapitel »Wie wir schmerzliche Erfahrungen wahrnehmen und tragen können« haben wir bereits über das Annehmen unserer Gefühle gesprochen.

Unsere Bedürfnisse achten

Wir Menschen sind sehr verschieden, wir haben ganz unterschiedliche Vorlieben und Interessen. Dem einen schmecken süßliche Speisen, dem anderen eher säuerliche, der eine hat tolle handwerkliche Fähigkeiten, der andere ist ein echter Denkertyp. Manche von uns sind gern allein, andere am liebsten ständig mit Menschen zusammen. Zufriedenheit finden wir, sofern wir unserem Wesen entsprechend leben können. Dann stellt sich Wohlbefinden ein, weil der innere Kampf, das innere Zurechtbiegen endlich ein Ende finden.

Stress entsteht zum Großteil dadurch, dass wir unsere Bedürfnisse ignorieren. Es gibt Situationen, in denen sich das nicht vermeiden lässt. Wenn man die Nacht schlecht geschlafen hat und morgens vom Wecker aus dem Tiefschlaf gerissen wird, kann man möglicherweise nicht noch zwei Stunden weiterschlafen, sondern muss aufstehen, um pünktlich in der Arbeit zu sein oder sich um die Kinder zu kümmern. In Fällen wie diesen müssen wir unsere Bedürfnisse zurückstellen und dabei manchmal regelrecht gegen das ankämpfen, was wir eigentlich bräuchten.

Es gibt aber auch viele andere Situationen, in denen wir die äußere Freiheit hätten, uns so zu verhalten, wie es unseren Bedürfnissen und unserem Wesen entspricht. Wir tun es aber nicht, weil uns die innere Freiheit fehlt. Leider nehmen wir oft gar nicht wahr, dass es in Wahrheit um die innere Freiheit geht und schieben alles auf die äußeren Bedingungen. Es heißt dann oft: »Ich würde ja gerne, aber ...«. In diesem Satz wird in der Regel als Nächstes die Person oder die äußere Situation genannt, die angeblich dafür verantwortlich ist, dass man nicht so handeln könne, wie es einem entspricht: »Ich würde ja gern, aber mein Mann spielt da nicht mit ...; es geht ja nicht wegen der Kinder ...; beim Job kann ich nicht anders ...«

Wenn ich es gut mit mir meine, was würde ich jetzt tun?

Eine Klientin von mir wäre gern öfter in die Ferien gefahren, aber ihr Mann war ein richtiger Urlaubsmuffel, der am liebsten zu Hause blieb. Mehrere Jahre verzichtete sie ihm zuliebe auf das Reisen und war dabei unglücklich. Eine Teilnehmerin eines Seminars wiederum schilderte, dass sie mit ihrem Mann die ganze Welt bereist habe; doch irgendwann sei ihr klar geworden, dass ihr das viele Reisen gar nicht guttat und sie während und nach der Reise eigentlich eher unruhig und angespannt war. Ihr sei das all die Jahre nicht aufgefallen, sie habe immer gedacht, dass sie auf die Anstrengung der Reise reagiere. Heute wisse sie aber, dass ihr lange Reisen gar nicht entsprächen. Wie schön wäre es, wenn diejenige, die gerne reist, reisen darf und diejenige, die lieber zu Hause bleibt, auch das darf. Und zwar beide ohne schlechtes Gewissen und ohne den Gedanken, sie sollten eigentlich zu Hause bleiben oder doch lieber reisen.

Es ist verdammt schwierig, die eigenen Bedürfnisse überhaupt wahrzunehmen. Sie sind überlagert von Wünschen, die uns eingeredet wurden, die wir uns von anderen abgeschaut haben oder die gerade chic und in sind. Vordergründig mag es uns heute so erscheinen, als gäbe es kaum noch Regeln und Normen, an denen wir uns zu orientieren haben oder denen wir unsere Bedürfnisse unterordnen müssten. Vorbei sind die Zeiten, in denen es Sex erst nach der Ehe gab, und man verheiratet sein musste, um zusammenziehen zu dürfen. Wer vor 40 Jahren sonntags den Rasen mähte, ruinierte seinen Ruf in der Nachbarschaft ziemlich schnell. Wer damals ein uneheliches Kind zur Welt brachte, brauchte sich im Dorf und manchmal sogar in der eigenen Familie nicht mehr blicken zu lassen. Heute gibt es (meistens) nicht mehr den Dorfpfarrer, der uns Vorschriften macht, und auch der Nachbar ist deutlich toleranter geworden. Von einer Gesellschaft, in der man nach seinen eigenen Bedürfnissen leben darf, sind wir aber immer noch weit entfernt. Heute gelten andere Normen: wie oft man in die Ferien fährt und wohin, auf welche Schule die Kinder gehen, an welcher Uni man was studiert, ob man bio einkauft oder angesagte Markenklamotten trägt. All das und noch viel mehr sind die neuen Normen, die uns heute oft daran hindern, unsere eigenen Bedürfnisse wahrzunehmen und für sie einzutreten. Aber natürlich sind es nicht die Normen, die uns hindern, sondern unser Glaube, diese Normen einhalten zu müssen. Dabei passiert gar nichts Schlimmes, wenn man in den Billigjeans von Aldi vor die Haustür tritt oder nicht alle Kinder aufs Gymnasium gehen.

Neulich habe ich unter Bekannten und Freunden eine kleine Umfrage dazu gemacht, welche ihrer Bedürfnisse sie manchmal oder auch oft missachten. Hier eine kleine Auswahl:

- Schlafen, wenn ich müde bin, und ganz generell: genug schlafen.
- Regelmäßig essen und in Ruhe essen.
- Mal ein wirklich freies Wochenende haben, das nicht verplant ist.
- Neben der Zeit, die ich mit der ganzen Familie verbringe, auch mal Zeit nur mit meiner Frau zu haben.
- Mir erlauben, mal ein paar Tage alleine wegzufahren, ohne die Familie.
- Langsamer arbeiten.
- Mich aufs Sofa legen, ohne vorher die ganze Wohnung geputzt zu haben.
- Vor und nach dem Urlaub ein oder zwei Tage Zeit haben und nicht gleich am ersten freien Tag aufbrechen.

Nach unseren Bedürfnissen zu leben, beginnt also schon bei den kleinen Dingen: Erlaube ich es mir zu essen, was ich möchte und wann ich es möchte? Erlaube ich es mir, genug zu trinken? Zu dem Zeitpunkt und so lange zu schlafen, wie es meinem Körper entspricht? Erlaube ich es mir, allein zu sein, wenn ich das Bedürfnis habe, und mit anderen Menschen zusammen zu sein, wenn es mir entspricht? Erlaube ich es mir, mich zu entspannen und nichts zu tun, und mich dann zu bewegen und aktiv zu sein, wenn mein Körper das jeweilige Bedürfnis hat? Solche Beispiele mögen absolut banal klingen und doch scheitern wir oft schon daran. Manchmal nehmen wir nicht einmal wahr, wann wir durstig oder hungrig sind oder eine Pause brauchen.

Gemäß der eigenen Bedürfnisse zu leben, bedeutet nicht, diese ohne Rücksicht auf die Empfindungen anderer Menschen auszuleben. Es geht hier nicht um die – oft mit Selbstmitgefühl verwechselte – Selbstbezogenheit, die im reinen Egoismus enden kann. Es geht darum herauszufinden, was unsere eigentlichen Bedürfnisse sind, um dann entscheiden zu können, welche von ihnen wir in welcher Form verwirklichen können. Unser Leben ist keine Wunschparade, wir können nicht all unsere Bedürfnisse erfüllt bekommen. Wir müssen bereit sein, Kompromisse einzugehen und unsere Wünsche manchmal auch zugunsten derer von anderen Menschen zurückzustellen. Der entscheidende Punkt ist aber, ob wir überhaupt noch wahrnehmen, was unsere Bedürfnisse sind. Denn nur dann können wir entscheiden, ob es möglich ist, ihnen nachzukommen oder ob wir sie zurückstellen müssen.

Weil es so wichtig ist, unsere eigenen Bedürfnisse wahrzunehmen, habe ich mich, wie weiter vorne schon angekündigt, mit Ratschlägen auf der Handlungsebene zurückgehalten. In vielen Ratgeberbüchern und insbesondere in Frauenzeitschriften finden sich Hunderte von Handlungsempfehlungen: »Nehmen Sie öfter mal ein Bad«, »Machen Sie täglich Sport«, »Reden Sie mehr mit Ihrer besten Freundin oder Ihrem besten Freund«, »Nehmen Sie sich und Ihre kleinen Macken bedingungslos an«. Mal ganz ehrlich: Viele von uns mögen solche Tipps. Man weiß dann, was man tun soll, und wenn man die Tipps beherzigt, fühlt man sich auf dem richtigen Weg. Nur leider entsteht dadurch eine neue Norm. Und mit ihr die Gefahr der Selbstverurteilung, die immer dann droht, wenn es uns nicht gelingt, die Norm zu erfüllen. Außerdem entfernen wir uns weiter von der Wahrnehmung unserer eigenen Gefühle und Bedürfnisse. Daher hier nun auch ein Tipp von mir: Lass dich durch solche Tipps nicht davon abbringen herauszufinden, was dir entspricht! Es gibt kein fertiges Rezept für Selbstmitgefühl, außer, dass wir die Fähigkeit stärken sollten, unsere inneren Empfindungen sehr genau und ehrlich wahrzunehmen und mit ihnen achtsam verbunden zu bleiben.

Fast allen Menschen fallen auf Anhieb Bedürfnisse ein, die aus falsch verstandener Rücksichtnahme auf andere zurückgestellt werden oder die man sich schon gar nicht mehr wahrzunehmen traut. Welches Bedürfnis wäre das bei dir?

Die Ja-Liste und die Nein-Liste

Wenn wir so sein dürfen, wie es uns entspricht, dann brauchen wir bestimmte Dinge nicht mehr zu tun und andere dürfen wir endlich tun. Selbstmitgefühl ermöglicht es uns, klar zu sehen, was wir im Innersten möchten und was nicht, und uns dann dafür einzusetzen. Dabei geht es darum, dass wir uns unserer eigenen Werte bewusst werden und gemäß dieser Werte leben. Wenn zum Beispiel ein Familienvater den Wert hat, genügend Zeit mit seinen Kindern zu verbringen, in der Realität aber viel arbeitet und oft halbe Wochen unterwegs ist, dann bringt ihn das zwangsläufig in eine sehr unbefriedigende Situation. Auf die Dauer kann es sogar sein, dass er sich selbst verachtet, weil er seinen eigenen Idealen und Werten nicht treu geblieben ist, womöglich wird er sich sogar schuldig fühlen und er entwickelt die Überzeugung, als Vater versagt zu haben. Daher ist es so wichtig, seine eigenen Werte wahrzunehmen und den Mut aufzubringen, gemäß seiner Ideale zu leben.

Hilfreich kann eine Zusammenstellung von Verhaltensweisen sein, die man eigentlich vermeiden möchte oder die man künftig häufiger an den Tag legen möchte. Auf den folgenden Seiten findest du ein Beispiel von einem meiner Klienten. Er hat sich zwei Wochen Zeit genommen, um diese Liste zusammenzustellen. Auf die eine Seite eines Blatt Papiers schrieb er »Ja« und auf die andere »Nein«. Dieser Zettel hat ihn in seinem Alltag begleitet, nach unseren Beratungsgesprächen und sogar vor dem Einschlafen. Schließlich hatte er acht Punkte beisammen, die ihm tatsächlich etwas bedeuteten. Er erzählte mir, wie schwer es ihm gefallen sei, diese Liste zu schreiben. Er habe Punkte aufgeschrieben und dann wieder gestrichen. Schließlich seien die Punkte übriggeblieben, die ihm wirklich am Herzen lägen. Bei der Nein-Liste habe er sich wieder mit dem Schmerz beschäftigen müssen, der dadurch entstanden war, dass er viele Jahre so unfreundlich mit sich umgegangen war. Bei der Ja-Liste sei Freude aufgekommen, aber er habe auch gemerkt, wie sein innerer Kritiker sofort bezweifelt habe, dass er die einzelnen Punkte jemals umsetzen werde. Hier also seine Liste:

Nein-Liste: Ich möchte nie wieder …	Ja-Liste: Ich werde zukünftig …
noch nach 20 Uhr im Büro hocken	mindestens einen Tag in der Woche gar nicht arbeiten
Schlafmittel und Benzodiazepine nehmen müssen, weil ich mich so unter Druck gesetzt habe, dass ich schließlich nicht mehr schlafen konnte	mehr Zeit für meine kleine Tochter haben
länger als zwei oder drei Tage zu meinen Schwiegereltern fahren	morgens etwas früher aufstehen, damit ich nicht so hektisch in den Tag starten muss
fremdgehen	
krank zur Arbeit gehen	

Beim Erstellen solcher Listen geht es nicht nur darum, sich klarzumachen, wie man sich anders verhalten sollte, um gesündere Lebensbedingungen zu schaffen.

Es geht zugleich darum, die Motivation für eine Veränderung wachsen zu lassen. Das gelingt nur, indem man sich auch mit dem Schmerz beschäftigt, der mit jedem Punkt einer solchen Liste zwangsläufig verbunden ist. Die Herausforderung besteht also nicht allein darin, eine solche Liste zusammenzustellen, sondern sie beim Erarbeiten sozusagen zu »durchleiden«. Mein Klient konnte das gut beschreiben: »Für mich ist es ungemein schmerzhaft, morgens immer so gehetzt in den Tag starten zu müssen. Ich springe ja schon fast aus dem Bett. Dabei bin ich noch gar nicht richtig wach. Ich würde mir so sehr wünschen, den Tag ganz ruhig beginnen zu können.« In der Therapie sprechen wir davon, dass Verzweiflung und Veränderung nah beieinanderliegen. Erst wenn die Verzweiflung und der Schmerz richtig gefühlt werden, ist es möglich, eine klare Entscheidung zu treffen: »Ich werde das in Zukunft nicht mehr so machen. Ich will das nicht mehr, dafür ist mir mein Leben zu kurz.«

Vielleicht fällt dir schon der eine oder andere Punkt für deine eigene Ja-Nein-Liste ein oder du hast Lust, dich für einige Zeit von einem Blatt Papier begleiten zu lassen, um eine solche Liste zu erstellen?

Nein-Liste

Ja-Liste

____

____

____

Wem es gelingt, eine solche Liste auch nur ansatzweise umzusetzen, der wird sicherlich zufriedener und freudvoller durchs Leben gehen. Der lebt mehr im Einklang mit seinen Bedürfnissen und inneren Werten und er oder sie geht dadurch zugleich freundlicher mit sich um.

Überhöhte Ansprüche loslassen

Fast alle Menschen stellen zu hohe Ansprüche an sich und mühen sich ab, diese zu erreichen. Der weit verbreitete Spruch »Nobody is perfect« mag für alle anderen gelten, aber uns selbst können wir meist nicht so entgegenkommend begegnen. Anderen gestehen wir diese Maxime gern zu, aber für uns gilt: sich anstrengen und möglichst perfekt werden. Jeder hat sein eigenes Spezialgebiet, auf das sich sein Perfektionismus richtet. Der eine darf keine Fehler machen, der andere möchte erfolgreicher sein als alle anderen oder muss die tollste Geburtstagsparty organisieren. Ich habe sogar Menschen kennengelernt, die wollten besonders gut in ihrer Krankheit oder in ihrem Leid sein.

Mein Ehrgeiz bezog sich über viele Jahre darauf, in allem möglichst *schnell* zu sein. Unverzüglich mit etwas fertig zu werden, nur um danach das Nächste möglichst schnell zu erledigen. Ich war stolz darauf, morgens nur 20 Minuten zu brauchen, bevor ich aus dem Haus ging, oder als einer der ersten meines Jahrgangs das Studium abgeschlossen zu haben. Dass ich bei all der Hektik das Leben verpasste, wurde mir erst viel später klar.

Hohe Ansprüche können sich leider auch auf die erstrebenswerten Fähigkeiten des Selbstmitgefühls und der Achtsamkeit beziehen. Uns selbst endlich mit Selbstmitgefühl zu begegnen, für andere ständig Mitgefühl aufzubringen, dankbar zu sein für all das, was das Leben für uns bereit hält, und uns nicht länger selbst zu verurteilen – das erwarten wir von uns, ja, wir setzen uns damit geradezu unter Druck. »Ich meditiere jetzt schon 20 Jahre und werde immer noch wütend, wenn mein Partner einen falschen Satz sagt«, klagte vor Kurzem eine Klientin. Sie hatte den Anspruch an sich, jeden Ärger überwunden zu haben. Außerdem wollte sie für alles, was ihr im Leben widerfuhr, dankbar sein, für die positiven Dinge des Lebens, aber auch für die schwierigen. Darüber hinaus wollte sie allen Wesen Mitgefühl entgegenbringen, niemals Fleisch essen und jeden Tag meditieren.

Du kannst prüfen, ob sich auch bei dir schon Selbstmitgefühlsstress breitmacht. Denkst du beispielsweise: »Oh Gott, wie soll ich das denn alles schaffen? Den anderen gelingt das vielleicht – aber mir? Ich muss mich besonders anstrengen«.

Es gibt keinen Grund, dich mit dem Ziel eines freundlichen Selbstumgangs zu stressen. Es ist wunderschön, sich für dieses Anliegen zu engagieren, aber es ist kein neuer Job, der möglichst schnell und gut erledigt werden muss. Hohe Ansprüche gehören in die Welt des Selbstwertgefühls und nicht in die des Selbstmitgefühls. Wer seinen Selbstwert steigern möchte, der muss in irgendetwas besser sein als die anderen, denn durchschnittlich zu sein führt zwangsläufig zu einem niedrigen Selbstwertgefühl. Wir strengen uns also unbändig an, um mithalten zu können. Nur leider verfolgen alle anderen das gleiche Ziel und haben die gleichen überhöhten Ansprüche. Kaum tut man sich irgendwo hervor, ist man schon wieder von den anderen eingeholt worden und muss sich noch mehr verbessern. In der Welt des Selbstwertgefühls kann man nicht einfach sagen: Ich mach da nicht mehr mit. Denn wer das tut, der verliert automatisch an Selbstwertgefühl und fühlt sich minderwertig und ausgeschlossen.

Hohe Ansprüche führen zwangsläufig zu großer Daueranspannung, wenn nicht gar zum Scheitern. Manchmal sind wir sogar erfolgreich und erfüllen tatsächlich unsere eigenen hohen Ansprüche. Das führt aber nicht dazu, dass der Dauernörgler zu uns sagt: »Mensch, toll gemacht, hast ja dein Ziel erreicht, jetzt kannst du mal in Ruhe chillen«, sondern meistens hängt er die Messlatte einfach noch ein paar Zentimeter höher. Das ist dann in etwa so, als hätte man sich zu einem Marathonlauf angemeldet und 500 Meter vor dem Ziel hängt ein Schild: »Marathonlauf um fünf Kilometer verlängert«. Haben wir die geschafft , wartet kurz vor dem neuen Ziel wieder ein solches Schild auf uns – und so geht es immer weiter.

Hier ein kleiner Fragebogen, den ich, angelehnt an einen Vortrag der amerikanischen Mitgefühlslehrerin Tara Brach, zusammengestellt habe. Er passt gut zum Thema der überzogenen Ansprüche an sich selbst. Lies die Fragen und überlege ehrlich, ob du die Frage mit »Ja« beantworten kannst oder mit »Nein« beantworten musst:

- Kannst du ohne Koffein oder Aufputschmittel in den Tag starten?
- Kannst du trotz Schmerzen fröhlich sein?
- Kannst du dem Drang widerstehen, dich zu beschweren und die Menschen mit deinen Sorgen zu langweilen?
- Hast du allzeit Verständnis dafür, dass deine Lieben mitunter zu beschäftigt sind, um dir ihre Zeit zu schenken?
- Kannst du gelassen darüber hinwegsehen, wenn jemand seine Wut an dir auslässt, weil etwas schiefgelaufen ist, wofür du gar nichts kannst?
- Kannst du Kritik und Beschuldigungen ohne Unmut wegstecken?
- Kannst du der Welt ohne Lügen und Betrug begegnen?
- Kannst du ohne medizinische Hilfe Anspannungen überwinden?
- Kannst du dich ohne Alkohol entspannen?

Wenn du alle Fragen mit Ja beantwortet hast, dann …

…

bist

du

vermutlich

ein

Hund.

WIE WIR UNS NICHT ISOLIERT, SONDERN VERBUNDEN FÜHLEN KÖNNEN

Verbunden oder mutterseelenallein

Die meisten Menschen kennen das Gefühl von Verbundenheit mit anderen Menschen. Gleichzeitig wissen wir alle ganz genau, wie sich das Getrennt-Sein vom Rest der Welt anfühlt. Oft ist es so, dass wir uns gerade in Krisenzeiten oder in schlechten Stunden als von anderen isoliert erleben. Wir denken dann, dass nur wir ein Problem haben und leiden, und dass es allen anderen Menschen gut geht und sie ein glückliches Leben führen. Sich als getrennt, abgeschnitten und isoliert zu empfinden, ist für viele von uns eine der leidvollsten Erfahrungen überhaupt. Umgekehrt gehört ein Gefühl von Verbundenheit zu den schönsten Dingen, die ein Mensch überhaupt erleben kann. Dann könnten wir vor Freude die ganze Welt umarmen oder fühlen uns wildfremden Menschen so nah wie unseren besten Freunden.

Wie sich Getrennt-Sein und Verbunden-Sein anfühlen, können wir noch genauer erkunden. Suche nach einer für dich schwierigen Situation, am besten aus den letzten Tagen. Lass dir einen Moment Zeit, um eine solche Situation zu finden. Vielleicht fällt dir eine Begebenheit ein, in der du dich sehr unwohl gefühlt hast, möglicherweise gab es eine Konfliktsituation oder dir ist ein Fehler unterlaufen oder ein Missgeschick passiert? Welche konkrete Situation hast du vor Augen?

Stell dir vor, dass du mit diesem Erlebnis allein bist und du niemanden kennst, der Ähnliches schon einmal erlebt hat. Es ist dein persönliches Versagen, in eine solche Situation geraten zu sein. Wirklich niemand kann deine Gefühle nachvollziehen, den anderen sind sie vollkommen fremd.

Nimm wahr, welche Empfindungen auftauchen, während du dir bewusst wirst, wie allein du mit dieser Erfahrung bist.

Und nun führe Dir vor Augen, dass es anderen Menschen ganz genauso gehen kann wie dir. Du bist mit deiner Erfahrung nicht allein. Eine solche Situation kennen fast alle anderen Menschen auch. Es ist ganz normal, solche Empfindungen zu haben. Nimm wahr, wie es sich anfühlt, mit dieser Erfahrung nicht alleine zu sein.

Vielleicht hast du einen deutlichen Unterschied gespürt zwischen der Vorstellung, allein mit einer Empfindung zu sein, und der Einschätzung, dass es anderen ganz genauso ergehen kann wie dir?

Die meisten Menschen sind unglaublich erleichtert, wenn sie erfahren, dass sie mit ihrem Erleben nicht alleine dastehen. Die Selbstverurteilungen und das Grübeln lassen nach und auch Scham- und Schuldgefühle nehmen ab. Verbindung tut uns gut, unter anderem weil es unser Bindungs- und Beruhigungssystem aktiviert. Man könnte sogar sagen: Wir brauchen Verbindung. Isolation behindert unsere Entwicklung und macht uns krank. Daher wäre es wünschenswert, wenn wir uns immer wieder mit anderen Menschen verbunden fühlen und Ähnlichkeiten wahrnehmen könnten.

Doch zum Teil geht der gesellschaftliche Trend gerade in die entgegengesetzte Richtung: Immer mehr Menschen haben den Wunsch, sich von anderen zu unterscheiden und möglichst einmalig und einzigartig zu sein. Mittelmäßig und »normal zu sein« ist heute peinlich. Wir kleiden uns immer individueller, Kinder erhalten nicht nur einen Namen, sondern gleich drei oder vier, damit sie ganz anders sind als alle anderen. Wer möchte heute schon gern »in der Masse untergehen«? In einer Kultur, in der das Individuelle einen sehr hohen Stellenwert hat, werden eher die Unterschiede betont als die Gemeinsamkeiten wahrgenommen. Hinter dem Wunsch nach dem Besonderen und Einmaligen steckt das altbekannte Selbstwertkonzept. Denn wenn wir um einen hohen Selbstwert kämpfen, müssen wir uns von den anderen abheben und besser sein als sie. Für die zunehmende Individualisierung bezahlen wir allerdings einen hohen Preis, denn unsere Wahrnehmung von Gemeinsamkeiten mit anderen nimmt dadurch zwangsläufig ab. Für den Umgang mit schwierigen Lebenserfahrungen wäre aber genau diese geteilte menschliche Erfahrung wünschenswert. Wenn wir uns mit anderen verbunden fühlen, unser Erleben als »stinknormal« wahrnehmen und uns mit unseren schwierigen Erfahrungen nicht als isoliert erleben, sondern andere Menschen an unserer Seite wissen, dann können wir den Widrigkeiten des Lebens besser trotzen. Wer hingegen glaubt, nur ihm oder ihr gehe es so, wer keine Unterstützung hat, der hat wirklich schlechte Karten, wenn es darum geht, mit schwierigen Herausforderungen auf eine gute Art zurechtzukommen.

Warum kommen die anderen mit allem besser zurecht?

Leider sprechen wir Menschen recht wenig über unsere schmerzlichen Erfahrungen. Damit meine ich nicht, dass wir uns nur über glückliche Momente austauschen. Wir reden schon darüber, wenn etwas für uns schwierig ist, wenn ein Arbeitskollege gerade mal wieder so richtig nervt oder wie einem der Heuschnupfen zu schaffen macht. Aber über unsere wahren Abgründe – jene Gefilde, wo das Leid wirklich anfängt – darüber tauschen wir uns selten aus. Meistens sind es nur die Menschen im engsten Umfeld, die eine Ahnung von diesen Abgründen haben, und das leider oft auch nur sehr bedingt. Wie wenig wir oft voneinander wissen, wird in Extremsituationen besonders deutlich: Wenn Menschen sich das Leben nehmen, sind die Angehörigen vielfach verzweifelt und auch fassungslos, weil sie in vielen Fällen nicht im Entferntesten damit gerechnet hatten, dass sich der Betroffene umbringen könnte.

Wenn Menschen von einem Suizid in ihrem Bekannten- oder sogar Freundeskreis erfahren, dann heißt es oft »Was, der? Das hätte ich nie gedacht, der wirkte doch immer so fröhlich«.

Wem es so richtig dreckig geht, der behält das oft für sich, mit der Folge, dass wir gar nicht wissen, wie es anderen Menschen wirklich geht. Was wir aber kennen, sind unsere eigenen Zweifel, Sorgen und Ängste, die wir deutlich schwerer vor uns selbst verheimlichen können. Und so nimmt die Tragik der Selbstverurteilung wieder ihren Lauf: Die anderen wirken so souverän und selbstbewusst, man selber traut sich innerlich gar nichts zu.

Wenn ich es gut mit mir meine, was würde ich jetzt tun?

Wir sind oft verblüfft, wenn wir von anderen ein positives Feedback bekommen, das sich mit unserer eher kritischen Innenwahrnehmung ganz und gar nicht deckt. Ein typisches Beispiel: Man fühlt sich im Vorstellungsgespräch eher ängstlich und unsicher und traut sich den Job gar nicht so richtig zu. Seltsamerweise bekommt man die Stelle aber doch und irgendwann hört man von den neuen Kollegen: Wir haben dich eingestellt, weil du im Vorstellungsgespräch einen so souveränen Eindruck gemacht hast und wir alle dachten, dass du die Aufgaben richtig gut erfüllen wirst. Da passen Innen- und Außenwahrnehmung hinten und vorne nicht zusammen. Ganz offensichtlich ist die Selbstwahrnehmung deutlich kritischer als die Perspektive der Mitmenschen. Diese kritische Innenwahrnehmung ist eine ganz tief verwurzelte und uns schon ins Blut übergegangene Form der Selbstverurteilung. Hier ist nicht einfach nur der Dauernörgler aktiv, der uns mit irgendwelchen Gemeinheiten das Leben schwer macht. Vielmehr ist die Selbstkritik schon so weit in unser Selbstbild, in unsere Identität integriert, dass wir nicht mehr den geringsten Abstand dazu haben.

Es gibt einige Eigenschaften und Empfindungen, die nach meiner Erfahrung fast alle Menschen kennen, nur leider wird darüber nicht gesprochen. Manche dieser Erfahrungen sind sogar tabuisiert, so dass man nie auf die Idee käme, jemandem davon zu erzählen. Dass es anderen ähnlich ergehen könnte, würde einem im Traum nicht einfallen. Zu den tabuisierten Selbstwahrnehmungen gehört beispielsweise:

- zu glauben, man sei nicht liebenswert.
- die Überzeugung, sich verändern zu müssen, um wirklich liebenswert zu sein.
- zu glauben, die Dinge die man macht, nicht gut zu machen. Andere können das besser als man selbst. Sich als Versager zu fühlen.
- sich von allem überfordert zu fühlen. Sich dem Leben nicht gewachsen zu fühlen.
- sich nicht erwachsen zu fühlen. Sich schwächer/kleiner/kindlicher als die anderen zu fühlen.
- zu denken, man gebe vor, etwas zu sein, das man eigentlich gar nicht ist.
- im Leben schon mal etwas gemacht zu haben, das so beschämend ist, dass man glaubt, niemandem davon erzählen zu können.

Welche Erfahrung oder Eigenschaft fällt dir ein, von der du denkst, nur du würdest sie kennen und anderen Menschen ergehe es nicht so? Lass dir etwas Zeit, um sie zu finden.

Nun mach dir klar, dass höchstwahrscheinlich auch andere diese Empfindungen und Eigenarten kennen. Welche Gefühle tauchen auf, wenn dir bewusst wird, dass du auch mit dieser Erfahrung womöglich nicht allein bist?

Mehr Gemeinsamkeit, weniger Selbstverurteilung

Wer in der Lage ist, Verbundenheit mit seinen Mitmenschen zu erfahren, der wird sich für seine Verhaltensweisen deutlich weniger verurteilen und kann schwierige Gefühle besser tragen. Er oder sie weiß: Was ich gerade fühle und erlebe, ist nicht Ausdruck eines persönlichen Versagens, sondern ein ganz normaler Teil menschlichen Erlebens. Sobald wir aber denken: »*Ich* habe versagt«, »*Ich* hab es nicht auf die Reihe gekriegt«, »Ich bin *selbst* schuld, dass es mir so mies geht«, dann verurteilen wir uns.

Stell dir vor, dass du zu schnell gefahren bist und von einem Blitzer erwischt wurdest. Welche Gedanken gehen dir durch den Kopf, welche Selbstverurteilung gibt es dafür?

Nimm dir einen Moment Zeit, das herauszufinden.

Und nun stell dir vor, du liest am folgenden Tag in der Zeitung, dass neben dir noch hundert andere Autofahrer an genau der gleichen Stelle mit überhöhter Geschwindigkeit erwischt wurden. Welche Gedanken gehen dir jetzt durch den Kopf, was geschieht mit deiner Selbstverurteilung?

Das Gleiche kannst du dir auch im Hinblick auf eine sehr schambehaftete Verhaltensweise klarmachen. Beispielsweise schüttest du dir in einem Vorstellungsgespräch versehentlich den Kaffee auf die Hose oder das Kleid. Wie würde sich das anfühlen? Was würdest du denken? Und nun stell dir vor, die beiden anwesenden Mitarbeiter der Firma würden erzählen, dass ihnen genau das Gleiche im Vorstellungsgespräch auch schon mal passiert sei. Wie verändern sich deine Gefühle und deine Gedanken?

Die geteilte Menschlichkeit dreht der Selbstverurteilung den Hahn ab, denn die Selbstverurteilung lebt von der Überzeugung, dass ich versagt habe und es nur mir so geht. Scham kann uns nur überfluten, wenn wir uns isoliert fühlen. Sobald wir uns verbunden fühlen, hat die

Scham keine Chance mehr. Wir können uns nicht mehr so leicht selbst verurteilen, wenn wir wissen, dass es anderen genauso geht wie uns.

Geteiltes Leid ist halbes Leid

Sobald oder solange wir uns mit anderen verbunden fühlen, lassen sich schwierige Erfahrungen viel leichter ertragen. Sobald wir uns aber isoliert fühlen, sind Scham und Selbstverurteilung Tür und Tor geöffnet. Wir müssen dann neben den leidvollen Erfahrungen auch noch mit der Anklage zurechtkommen, die Frustration, Wut oder Traurigkeit auslösen kann. Wenn es einem nicht gut geht und man sich einer guten Freundin oder einem guten Freund gegenüber öffnet und der sagt einem: »Mann, das kenn ich auch«, dann fühlt sich die Lage nur noch halb so schlimm an. Vielleicht ist das gemeint mit der Redensart »Geteiltes Leid ist halbes Leid«. Anteilnahme lindert eben den Kummer.

Vielleicht hat die Redensart aber auch noch eine andere Bedeutung: Wenn ich nicht allein bin mit meinem Leid, wenn es anderen ebenso geht wie mir, dann lässt sich die schmerzhafte Erfahrung leichter *überwinden*. Eindrücklich zeigt sich dieser Zusammenhang bei Menschen, die ein Trauma erlitten haben. Als Trauma bezeichnen wir eine Situation, in der sich der Betroffene existentiell bedroht gefühlt hat. Es gibt Traumatisierungen, die eine große Gruppe von Menschen betreffen, beispielsweise Kriegs- und Flüchtlingstraumata oder Hungersnöte. Wer bei den Dresdner Bombennächten im Februar 1945 dabei war, der teilt sein Schicksal mit

Tausenden anderer Menschen. Eine Traumatisierung, die nur einen einzelnen Menschen betrifft, ist beispielsweise ein sexueller Missbrauch oder eine Gewalterfahrung in der Kindheit. Nun zeigen Untersuchungen, dass Menschen eine Traumatisierung besser bewältigen können, wenn sie mit ihrem Schicksal nicht alleine sind. Wer sich anderen mitteilen kann, wer erfährt, dass die eigenen Gefühle ganz normal sind, weil es anderen auch so geht, der kommt mit seinen schrecklichen Erfahrungen und Erinnerungen deutlich besser zurecht als Menschen, die sich mit niemandem austauschen und vergleichen können. Hier zeigt sich die Bedeutung von verbindender Humanität besonders gut: Wer sich verbunden fühlt, hat es deutlich leichter als jemand, der sich alleine und isoliert fühlt.

Eine Zeitlang habe ich Selbsthilfegruppen beim Aufbau begleitet und war bei einigen Treffen sozusagen als »professioneller Berater« mit dabei. Eine der eindrücklichsten Erfahrungen bei diesen Treffen war, dass eine Person etwas von sich erzählte und plötzlich fuhr jemand anders dazwischen und rief: »Was, das kennst du auch? Ich dachte bisher, das habe nur ich!« Wir sind unglaublich entlastet durch ähnliche Schicksale und durch die Erfahrung, mit unseren Empfindungen nicht allein dazustehen. Das Spannende an diesen Selbsthilfegruppen war für mich immer wieder, dass die reale vergangene und gegenwärtige Belastung durch die Gruppentreffen ja keineswegs verändert wurde. Bestimmte Schwierigkeiten waren immer noch da, psychische Symptome klangen durch die Selbsthilfegruppe nicht mit einem Schlag ab. Und doch fühlten sich die Betroffenen unglaublich erleichtert und schilderten am Ende des Gruppentreffens oft, dass sie entspannter und ruhiger nach Hause gingen.

Intersein

Ich habe einmal eine sehr beeindruckende Erfahrung nach einem längeren Meditationsseminar gemacht: Ich fühlte mich allen Menschen, denen ich begegnete, aber auch Tieren und sogar Pflanzen auf eine tiefe Art und Weise verbunden. Diese Erfahrung hatte ich während oder nach einer Meditation schon öfter erlebt, aber diesmal war es anders, weil nämlich die Verbundenheit längere Zeit anhielt. Es war nicht diese oberflächliche Gemeinsamkeit, die entsteht, weil man die gleichen Interessen hat, die gleichen Leute kennt oder die gleichen Länder bereist hat. Ich wusste auf einer viel tieferen Ebene: »Wir gehören zusammen«. Der andere und ich, wir sind nur auf der physischen Ebene getrennte Wesen, in Wirklichkeit aber sind wir untrennbar miteinander verbunden. Das ging mir so mit dem Bettler in der Fußgängerzone und mit den Ameisen am Straßenrand. Die Folge davon war eine Offenheit für alle Lebewesen, die ich in dieser Intensität sonst nicht von mir kannte. Eigentlich fühlte ich mich weitaus mehr als nur verbunden, das Wort passt hier nicht wirklich, weil ich den anderen und mich gar nicht als getrennt erlebte. Ich weiß, dass man solche Erfahrungen keinem Psychiater oder Psychologen mit Diagnostizierwut erzählen sollte, denn in der psychiatrischen Fachsprache wird eine solche Wahrnehmung als Ich-Störung bezeichnet, die vor allem in psychotischen Krisen auftaucht. Aber keine Sorge, ich erfreute mich damals allerbester Gesundheit, vielleicht war ich sogar selten so gesund wie in jenen Wochen, in denen ich die Welt auf diese Art wahrnahm.

Möglicherweise hast du schon mal eine ähnliche Erfahrung gemacht oder kennst Zeiten, in denen du dich sehr intensiv mit anderen verbunden gefühlt hast oder fühlst? Dieses Verbunden-Sein kann eine unterschiedlich starke Intensität aufweisen. Du fühlst dich etwa mit allen Menschen eins und nimmst wahr, dass wir »alle in einem Boot sitzen«. Während unser Verstand normalerweise die Unterschiede zu anderen betont, nimmst du stattdessen das Gemeinsame wahr. Vielleicht geht dies aber noch weit über die Beziehung zu anderen Menschen hinaus und du fühlst dich der Natur nahe – du könntest einen Baum umarmen und ihn als deinen »Freund« erleben. Oder du fühlst dich mit Tieren eins und hast womöglich den Eindruck, dass dein Haustier »seelenverwandt« ist. Wusstest du, dass Menschen beispielsweise mit Schimpansen fast 99 Prozent des Erbguts teilen? Bei Männern ist es sogar noch etwas mehr als bei Frauen ☺. Manchen wissenschaftlichen Untersuchungen zufolge teilen Männer mehr Erbgut mit einem männlichen Schimpansen als mit ihren Ehefrauen.

Wenn ich es gut mit mir meine, was würde ich jetzt tun?

Seitdem ich vor einigen Jahren gemeinsam mit meiner Frau einen alten Bauernhof restauriert habe, fühle ich mich mit Menschen verbunden, die vor uns dort gelebt haben, die ich aber nie kennenlernen durfte und die längst verstorben sind. Vor 50 oder vielleicht schon vor 100 Jahren hat jemand einen Apfelbaum gepflanzt. Ich kenne diesen Menschen nicht, aber ich ernte im Herbst diesen Baum. Auch er oder sie wünschte sich ein glückliches Leben und machte schmerzhafte Erfahrungen genau wie ich. Ich fand alte Patronenhülsen in unserem Garten und habe die Angst erahnt, die Menschen empfunden haben müssen, die dort früher einmal gelebt haben. Ich fand alte Fotos und habe auf den Gesichtern der Menschen die gleichen Gefühle gesehen, die ich auch heute auf den Gesichtern meiner Mitmenschen sehe.

Ähnlich erging es mir, als ich einmal in einem Haus aus dem 15. Jahrhundert gewohnt habe und versuchte, mir vorzustellen, was in diesen Räumen schon alles passiert sein mochte. Nach meinen Schätzungen hatten in dem Haus etwa 25 Generationen gelebt, hatten geliebt, gelitten, gestritten und manche von ihnen waren dort sicher auch gestorben. Mit all diesen Menschen sind wir auf verschiedenste Weise verbunden.

Auf einer spirituellen Ebene verliert sich jede Trennung zwischen dir und den anderen, weil das getrennte Selbst gar nicht existiert, wir alle Teil Gottes sind oder Gott in uns ist. Der buddhistische Mönch Thich Nhat Hanh prägte dafür den Begriff »Intersein« und meinte damit, dass alles mit allem verwoben ist und nichts getrennt vom anderen existiert. Nehmen wir einmal an, du sitzt in einem Bus, dir geht es nicht gut und du fühlst dich abgeschnitten von der Welt. Dann erinnerst du dich an das Konzept des Interseins und dir wird klar, dass du in Wirklichkeit weder isoliert noch abgeschnitten bist, weil viele andere Menschen mit dir im Bus sitzen. Der Fahrer fährt euch, ohne ihn kämst du gar nicht vom Fleck. Auf der Straße fahren Autos, die auch von Menschen gesteuert werden. Ihr atmet alle die gleiche Luft, ohne Luft könnte dein Körper nicht überleben. Du siehst die Sonne hinter den Wolken hervorscheinen. Ohne Sonne gäbe es kein Leben, auch nicht ohne den Regen, der sich schon in den Wolken befindet. Im Magen hast du dein Frühstück, das dir dein Mann zubereitet hat. Auch das Getreide, aus dem das Brot gebacken wurde, das du gegessen hast, hätte ohne Sonne und Regen und dem Bauern, dem das Feld gehört, nicht gedeihen können. Wenn du dir all dies bewusst machst, kannst du dich dann wirklich noch getrennt und isoliert fühlen?

Suche in Gedanken jemanden, dem du dich sehr nahe fühlst. Das könnten deine Kinder sein, dein Partner, deine Eltern, ein sehr guter Freund oder ein geliebtes Haustier. Wenn du jemanden gefunden hast, nimm wahr, wie sich dieses Verbunden-Sein genau anfühlt. Was spürst du in deinem Körper? Wie fühlt sich deine Herzgegend an, während du dir der Nähe zu diesem Menschen bewusst bist? Welche Empfindungen werden dadurch wachgerufen?

Und nun stell dir einen Menschen vor, dem gegenüber du neutral eingestellt bist. Vielleicht fällt dir ein Nachbar ein, oder jemand, dem du heute begegnet bist: der Busfahrer, die Verkäuferin in der Bäckerei, der Briefträger oder jemand ganz anderes.

Mach dir klar, dass du auch mit diesem Menschen verbunden bist, auch wenn es nicht dein Freund ist, auch wenn du mit ihm vielleicht noch nie persönlich gesprochen hast. Mach dir klar, welche Gemeinsamkeiten du mit diesem Menschen hast. Ihr möchtet beide glücklich sein, ihr lebt vielleicht beide in der gleichen Stadt oder seid fast gleich alt, möglicherweise habt ihr einen ähnlichen Humor oder ähnliche Ideale oder Wünsche für euer Leben?

Und nun stell dir einen Menschen vor, den du nicht leiden kannst. Vielleicht ist es jemand, mit dem du gerade einen Streit hast, der dir unsympathisch ist oder auf den du sauer bist. Auch mit diesem Menschen hast du gewisse Gemeinsamkeiten, die dich mit ihm verbinden. Mach dir eine Gemeinsamkeit bewusst, die du mit diesem Menschen teilst.

Das Gefühl des Verbunden-Seins ist uns teilweise abhandengekommen, denn die Betonung unseres Selbstwertes, unserer Individualität und unserer Einmaligkeit trennt uns eher von den anderen, als dass sie uns mit ihnen verbinden würde. Doch die Verbindung und nicht die Trennung hilft uns, mit schwierigen Situationen besser zurechtzukommen. Wer sich verbunden fühlt, hat es leichter im Leben!

MITGEFÜHL MIT ANDEREN

Was ist Mitgefühl?

Vor einigen Jahren habe ich eine Postkarte mit einem nackten Barockengel aus dem Nymphenburger Park in München zugeschickt bekommen. Er war eingeschneit, mit einer Schneehaube auf dem Kopf und bloßen, schneebedeckten Füßen. Alle, denen ich seitdem die Postkarte gezeigt habe, sagen mit einem mitfühlenden, leicht schmerzverzerrten Gesicht: »Mei, der Arme, dem muss man doch was anziehen.«

Unser Mitgefühl mit anderen und unser Wunsch zu helfen sind offensichtlich so stark, dass wir sogar einer frierenden Steinfigur am liebsten sofort unseren Pullover leihen würden. Schon Kleinkinder, die gerade aus dem Krabbelalter heraus sind, wollen helfen, wenn es ihnen möglich ist. Lässt man Kleinkinder beobachten, wie ein tollpatschiger Erwachsener einen Bauklotz neben die vorgesehene Kiste wirft, eilt der Zweijährige sofort zur Hilfe und legt den Bauklotz an die richtige Stelle. Wir können uns früh in andere Menschen einfühlen und haben den Wunsch, uns sozial zu verhalten.

Dabei war man sich in der Forschung lange Zeit einig, dass uns die Evolution eher zu Egoisten statt zu Wesen mit einer starken sozialen Neigung gemacht hat. Älteren Studien zufolge haben Egoisten einen Überlebensvorteil. Es lag nahe anzunehmen, dass die Evolution uns zu Wesen gemacht hat, die sehr auf ihren eigenen Vorteil bedacht sind, um ihr Überleben zu sichern und ihre eigenen Gene zu verbreiten. Doch irgendwann kamen an dieser These Zweifel auf und man führte Untersuchungen durch, in denen man die Lebensbedingungen von Menschen vor zigtausend Jahren simulierte, statt Experimente mit künstlichen Situationen durchzuführen. Und siehe da: Plötzlich waren die Egoisten im Hintertreffen. Als egoistischer Einzelkämpfer des 21. Jahrhunderts wären wir vor 50000 Jahren niemals durchs Leben gekommen. Damals brauchte man die anderen, um in der Gruppe gemeinsam größere Tiere zu jagen und sich vor Feinden zu schützen. Über Zehntausende von Jahren hinweg waren die Menschen hochgradig darauf angewiesen, mit anderen zu kooperieren. In ärmeren Kulturen ist das heute noch so: Wer keine Rentenversicherung hat, der braucht die Kinder, um im Alter durchzukommen. Wer nicht einfach einen Handwerker anrufen kann, wenn etwas repariert werden muss, der wird sich um ein gutes Verhältnis zu seinen Nachbarn im Dorf bemühen. Wer immer nur den eigenen Vorteil vor Augen hat, der hockt ziemlich bald alleine da, denn die anderen haben sich längst nach sozialeren Artgenossen umgesehen.

Um besser zu verstehen, was Mitgefühl genau ist, kehren wir nochmals zu dem nackten, frierenden Engel aus dem Nymphenburger Park zurück. Mitgefühl bedeutet zunächst, mit dem anderen mitfühlen zu können, also von dessen Leid berührt zu werden: Wir stellen uns vor, wie es sich anfühlen würde, selber nackt und frierend in der Kälte zu stehen. Wir haben aber auch ein Empfinden *für* den anderen, verbunden mit dem Wunsch, das Leid des anderen zu lindern: Wir spüren den Impuls, dem Engel etwas Warmes anzuziehen. Mitgefühl beinhaltet also sowohl unser *Vermögen*, uns in andere hineinzufühlen, wie auch eine liebevolle fürsorgliche *Motivation*, den Schmerz des anderen zu lindern.

Das persönliche Empfinden beim Mitgefühl ist ähnlich wie beim Selbstmitgefühl. Die meisten Menschen empfinden dabei die drei Ws: Weichheit, Weite und Wärme, und oft ist da auch Leichtigkeit und ein Empfinden von Fließen im Körper. Diese Empfindungen stellen sich ein, wenn man mit anderen mitfühlt und wenn es möglich wird, das Leid der anderen zu lindern. Auch wenn wir uns für andere mitfreuen oder Dankbarkeit erfahren, stellen sich ähnliche Körperempfindungen ein. Wenn wir uns hingegen nur in den anderen hineinversetzen ohne die fürsorgliche Ausrichtung, stellen sich diese angenehmen Empfindungen nicht ein. Ganz im Gegenteil kann es sogar zu unangenehmen Empfindungen kommen: Wer sich nur in die leidvolle Situation eines anderen einfühlt, dem geht es auch mies.

Mitgefühl aufzubringen, fällt uns recht leicht, wenn es um Menschen geht, die uns nahestehen und mit denen wir uns verbunden fühlen. So haben die meisten Eltern großes Mitgefühl mit ihren Kindern. Besonders schwer fällt es uns, Mitgefühl für Wesen aufzubringen, die wir als fremd und andersartig erfahren. Kaum jemand scheint Mitgefühl mit den IS-Kämpfern oder mit den vielen arabischen Selbstmordattentätern zu haben, dabei benötigen sie unser Mitgefühl vielleicht sogar in besonderem Maße.

Wenn ich es gut mit mir meine, was würde ich jetzt tun?

Neid, Eifersucht, Schadenfreude & Co

Meistens fällt es uns leichter, anderen Menschen mit Mitgefühl zu begegnen als uns selbst. Das heißt aber noch längst nicht, dass wir für unser Umfeld ständig ein offenes Ohr und ein liebevolles Herz hätten. Manchmal ist sogar das Gegenteil der Fall, dann nämlich wenn sich Hass, Wut, Neid, Rache oder andere, als »böse« klassifizierte Gefühle einstellen. Nach meiner Erfahrung gehören einige dieser Gefühle zu den größten Tabuthemen, die wir kennen.

Eigentlich wissen wir, dass unsere Gefühle nicht persönlich sind. Es sind gar nicht »unsere« Gefühle, denn jeder Mensch kennt Angst, Wut oder Scham. Trotz dieses Wissens neigen wir dazu, uns mit unseren Gefühlen sehr stark zu identifizieren. Wenn es um sogenannte schwierige Gefühle wie Neid und Eifersucht geht, wollen wir am liebsten gar nicht zugeben, dass wir diese Gefühle aus eigener Erfahrung bestens kennen. Denn wir haben ein Idealbild von uns selbst im Kopf, dem wir gerne entsprechen würden. Und wie nicht anders zu erwarten, kennt unsere persönliche Idealvorstellung weder Neid noch Eifersucht, weil wir schon früh gelernt haben, dass diese Gefühle unerwünscht sind. Die Folge davon ist, dass wir mit anderen nicht über diese Gefühle sprechen und somit nicht erfahren, dass auch solche Empfindungen zum normalen menschlichen Erleben dazugehören und eigentlich allen Menschen vertraut sind.

Welche Gefühle und Gedanken hast du, die am besten niemand mitbekommen sollte?

Mach dir klar, dass auch diese Gefühle nicht nur »deine« Gefühle sind, sondern andere Menschen sie genauso kennen und es keinen Grund gibt, sich dafür zu schämen.

Ich beobachte dieses Phänomen manchmal in Supervisionen, die ich für Menschen gebe, die in psychiatrischen Einrichtungen tätig sind. Jedes Team arbeitet mit Klienten, mit denen sich einzelne Mitarbeiter oder sogar das ganze Team schwertun. Da es in den Einrichtungen aber den Anspruch gibt, jedem Klienten mit Wertschätzung entgegenzutreten, befindet man sich zwangsläufig in einer misslichen Lage: Wenn man ehrlich ist, möchte man manche Klienten eigentlich gar nicht sehen, dennoch verlangen das eigene professionelle Selbstbild und die Institution, für die man tätig ist, dass man für jeden Menschen Empathie aufbringt. Es bleibt also nur die folgende Möglichkeit: Man *tut so*, als ob man Empathie für den Klienten hätte. Aber jedes Als-ob erschafft zwangsläufig eine Anstrengung, denn die anderen dürfen ja nicht merken, dass man in Wirklichkeit gar keine Sympathie empfindet und den Klienten eigentlich nicht leiden kann. Am liebsten würde man auch vor sich selbst verheimlichen, dass man so üble Gefühle hat. Unbewusst gelingt uns das manchmal sogar, indem man sich selbst vormacht, nur »gute« Gefühle zu haben, und die »schlechten« Gefühle nach außen auf andere Menschen projiziert.

Ich habe in Meditationsgruppen und spirituellen Seminaren schon mehrfach erlebt, dass Gefühle wie Eifersucht, Rache oder Schadenfreude sehr negativ bewertet wurden und am besten noch vor ihrem Auftauchen schon wieder verschwinden sollten. Da sie das aber nicht tun, will man »nachhelfen«, indem man die nicht erwünschten Gefühle zu ignorieren versucht. Vielleicht haben wir dann zeitweise sogar den Eindruck, dass wir die unerwünschten Gefühle inzwischen überwunden haben, aber in Wirklichkeit findet nur ein Wegdrücken statt, und dieses Wegdrücken erzeugt oft eine unlebendige oder künstlich-freundliche Energie.

Es gibt viele Tricks, um sich selbst vorzumachen, man sei auf dem spirituellen Pfad schon ziemlich weit fortgeschritten und habe diese Gefühle längst hinter sich gelassen. Eine ehemalige Klientin von mir durchschaute diese Dynamik eines Tages bei sich. Sie war in einem Elternhaus aufgewachsen, in dem Empfindungen wie Neid, Eifersucht, Gereiztheit usw. fast schon als »Teufelszeug« betrachtet wurden. Sie hatte ihre Eltern nie im Streit erlebt, und in der Familie fiel nie ein unfreundliches Wort. Also versuchte sie, all diese Gefühle als quasi nichtexistent zu betrachten. Ihr gelang es, indem sie sich entweder allen Menschen unterordnete oder die Beziehungen zu anderen bewusst an der Oberfläche hielt. Sie hatte festgestellt, dass sich die verruchten Gefühle vor allem dann einstellten, wenn sie anderen Menschen besonders nahekam. In die Beratung kam sie schließlich, weil sie kurz vor dem Tod ihres Vaters erfuhr, dass er in ihrer Kindheit jahrelang eine Parallelbeziehung unterhalten hatte. Der ganze schöne Schein war dahin und ihr fast schon »heiliger« Vater war entzaubert. Zunächst geriet sie in Trauer über den Verlust ihres Idealbildes. Doch nach einiger Zeit war sie regelrecht erleichtert, weil sie jetzt nicht mehr perfekt sein musste. Schließlich konnte sie sich für tiefere Beziehungen öffnen, in denen auch ihre Schattenseite sichtbar wurde.

Wir haben uns schon damit beschäftigt, dass das Wegdrücken von Gefühlen oder Gedanken in Bezug auf uns selbst (die sogenannte Gedankensuppression oder Emotionssuppression) dazu führt, dass diese Gedanken oder Gefühle nicht schwächer, sondern sogar stärker werden. Leider trifft das auch auf unterdrückte, unerwünschte Empfindungen anderen gegenüber zu. In einer Untersuchung wurden Mitarbeiter in Suchteinrichtungen nach ihrer negativen Einstellung gegenüber ihren Klienten befragt. Anschließend wurde ihnen vermittelt, dass sie als Fachpersonen keine negative Einstellung haben sollten und sich um eine annehmende Haltung ihren Klienten gegenüber bemühen sollten. Als man nach einiger Zeit nochmals ermittelte, wie gravierend die negativen Einstellungen gegenüber den Klienten waren, zeigte sich keine Abnahme, sondern sogar eine Zunahme. Das kritische Feedback über die wenig freundliche Haltung und der daraus resultierende Versuch, diese zu ändern, hatten bei den Mitarbeitern zu einer noch negativeren Haltung geführt.

Wenn wir jemanden nicht mögen, ist es wenig hilfreich, uns vorzunehmen ihn doch zu mögen. Wir sollten zunächst anerkennen, dass wir ihm aus irgendeinem Grund nicht positiv zugewandt sind. An Gefühlen wie Neid oder Schadenfreude kommen wir nicht vorbei, fast jeder kennt sie, denn sie gehören zum Menschsein genauso dazu wie Empfindungen von Freude, Neugierde, Angst oder Traurigkeit. Selbstmitgefühl bedeutet anzuerkennen, dass auch diese Empfindungen zu uns gehören und es keinen Grund für Scham oder Selbstverurteilung gibt. Erst danach ist der nächste Schritt möglich, der darin bestehen kann, dass wir uns durch mehr Mitgefühl nach und nach für unser Gegenüber öffnen.

Mitgefühl fördern

Wir können unser Mitgefühl auf verschiedene Weise kultivieren und zum Wachsen anregen. Der erste Schritt besteht darin, die Hindernisse aus dem Weg zu räumen, die es dem Mitgefühl schwer machen, in uns zum Vorschein zu kommen.

Untersuchungen zeigen, dass es vor allem Angst und Stress sind, die das Einfühlen und Mitfühlen erschweren. Wenn unser Angstsystem aktiviert ist, können wir kaum Mitgefühl und Empathie für den anderen aufbringen. In Experimenten sollten Versuchspersonen jemanden dabei begleiten, seine Hand in Eiswasser zu halten. War dies ein Freund, so war das Mitfühlen mit den schmerzhaften Erfahrungen des anderen deutlich intensiver, als wenn es sich um einen Fremden handelte. Doch warum ist das Mitfühlen bei Freunden stärker als bei Fremden? Die Forscher hatten die These, dass die Anwesenheit von Fremden Stress auslösen könnte, und gaben den Begleitern daher ein Mittel zur Stressreduktion. Und siehe da: schon zeigten sie bei Fremden eine ähnliche Mitgefühlsreaktion wie mit Freunden. Wer Mitgefühl Raum geben möchte, sollte für stress- und angstfreies Erleben sorgen.

Wenn wir unser Gegenüber als fremd erleben, dann tun wir uns mit Mitgefühl ebenfalls schwerer. Daher ist es hilfreich, sich die Nähe zum anderen bewusst zu machen und wahrzunehmen, wie ähnlich wir uns eigentlich sind. Studien belegen das auf erstaunliche Art und Weise: Wenn sich Versuchspersonen bewusst machen, dass sie mit einem ihnen bislang fremden Menschen viele Gemeinsamkeiten haben, nimmt ihr Mitgefühl sofort deutlich zu. Daher ist die verbindende Humanität eine sehr wichtige innere Haltung, um Mitgefühl mit anderen zu fördern.

Ähnlich wie wir uns selbst innerlich freundliche und mitfühlende Sätze sagen, können wir das auch für andere Menschen tun. Stell dir einen Menschen oder ein Wesen vor, dem du ganz positiv zugewandt bist und dem du mit Liebe und Wohlwollen begegnen möchtest. Und nun kannst du innerlich folgende Sätze sagen. Am besten sprichst du den jeweiligen Satz aus und schließt danach kurz die Augen, um wahrzunehmen welche Empfindungen in dir ausgelöst werden. Anschließend kannst du den nächsten Satz aussprechen.

- *Mögest du in Frieden leben.*
  Pause, kurz die Augen schließen
- *Mögest du glücklich sein.*
  Pause, kurz die Augen schließen
- *Mögest du sicher sein.*
  Pause, kurz die Augen schließen
- *Möge …*
  Pause, kurz die Augen schließen

Diese Übung ist im Buddhismus als »Liebende Güte-Meditation« bekannt. Sie wird in der Regel längere Zeit praktiziert, also beispielsweise über mehrere Wochen oder Monate täglich ausgeübt und dient dazu, eine mitfühlendere Haltung gegenüber anderen Menschen zu kultivieren. Vielleicht hast du schon bei dieser kurzen Sequenz wahrgenommen, wie sich dein liebevolles Empfinden und deine Verbindung zum anderen durch diese wenigen Sätze intensiviert haben und du dich dem anderen nun näher und mit offenem Herzen verbunden fühlst?

Mitgefühl lässt sich mithin regelrecht trainieren. Wir können unseren »Muskel« für Mitgefühl fördern und festigen. Dieser Mitgefühlsmuskel funktioniert ähnlich wie ein Körpermuskel: wenn er trainiert wird, festigt er sich und wird leistungsfähiger. Sobald das Training aber nachlässt, erlahmt auch er wieder. Mitgefühlsübungen, das zeigen weitere Untersuchungen, fördern unsere Empathiefähigkeit und inspirieren uns zu unterstützendem Verhalten.[5]

Trost statt Wegtrösten

Im Alltag müssen wir oft miterleben, wie geliebten Menschen schmerzhafte Ereignisse widerfahren. Wir sind vom Leid des anderen berührt und möchten gern helfen: Bei der besten Freundin zerbricht die Ehe, die eigene Mutter erkrankt an Krebs oder die erwachsene Tochter erleidet eine Fehlgeburt. Und auch deutlich weniger tragische Ereignisse bringen die Menschen in unserem Umfeld mitunter an ihre Grenzen: Eine gute Freundschaft geht in die Brüche, in der Nachbarschaft gibt es immer wieder Streit oder beim Job ist jemand mit einem herrischen Vorgesetzten oder mit unfreundlichen Kollegen konfrontiert.

In solchen Situationen möchten wir in der Lage sein, den anderen auf eine möglichst hilfreiche Art und Weise zu unterstützen. Doch wie kann eine solche Hilfe ganz konkret aussehen? Wie können wir der Person mit Mitgefühl begegnen und sie darin unterstützen, Mitgefühl für sich selbst aufzubringen?

Ähnlich wie wir beim Selbstmitgefühl in die »Smile or Die«-Falle geraten können, so kann es uns auch beim Unterstützen anderen Menschen passieren, dass wir die leidvollen Erfahrungen des anderen kaum mittragen können und uns eher wünschen, er möge endlich wieder gut drauf sein.[6] Unser erster Impuls besteht oft darin, die unangenehmen Empfindungen des anderen so schnell wie möglich zum Verschwinden zu bringen. Unter Trost verstehen wir deswegen oft den Versuch, den anderen aufzuheitern. Dass wir unserem Gegenüber damit keineswegs helfen, sondern ihm im ungünstigsten Fall sogar schaden, ist uns dabei meist nicht bewusst.

Leider gibt es sehr viele Verhaltensweisen, die dem anderen keine wirkliche Hilfe bieten, sondern eher Ausdruck unserer eigenen Unfähigkeit sind, schwierige Gefühle des Gegenübers auszuhalten. Wir tun daher nur so, als würden wir den anderen mitfühlend und annehmend unterstützen. In Wirklichkeit wünschen wir uns eher, dass die schmerzhaften Empfindungen des anderen möglichst schnell wieder aufhören. Zu diesem Verhalten gehört unter anderem:

- Dem anderen Sprichwörter vorzusetzen: »Neuer Mann, neues Glück«, »Die Zeit heilt alle Wunden«, »Auf Regen folgt Sonnenschein«.
- Dem anderen sagen, er müsse »positiv denken« oder ihn anhalten, darüber hinwegzukommen: »Denk einfach an etwas anderes«, »Du musst loslassen«, »Ist es nicht an der Zeit, dass das jetzt vorbei ist?«, »Wer weiß, wofür es gut ist?«
- Dem anderen Ratschläge erteilen: »Du solltest Folgendes tun«, »Hast du schon daran gedacht, dies oder jenes zu tun?«
- Sofort Lösungen für die Schwierigkeiten des anderen suchen und ihn auffordern, aktiv zu werden, um an seiner Situation etwas zu ändern.
- Den Schmerz des anderen durch den eigenen Schmerz übertrumpfen: »Ach, das hab ich selbst schon oft genug durchgemacht! Ich sag dir mal, was ich da unternommen habe.«
- Durch aufmunternde Sprüche die Gefühle des anderen abtun: »Was passiert ist, ist passiert«, »Ist doch nicht so schlimm«, »Kopf hoch!«, Trag's mit Fassung!« »Es wird schon wieder, du wirst sehen«, »Es ist nicht

so schlimm, wie es aussieht«, »Das wirst du auch noch überstehen«.

- Den anderen vom Schmerz ablenken: »Gehen wir uns besaufen!«, »Wir unternehmen heute Abend einfach etwas Schönes!«, »Wie wär's mit einem Stück Schokolade?«
- Den Schmerz des anderen herunterspielen: »Wenn du später daran zurückdenkst, wirst du lachen!«, »In einem Jahr hast du das bestimmt schon fast vergessen«.
- Dem anderen die Verantwortung für seine Situation geben: »Du bist selbst schuld.«

Vielleicht kannst du dich daran erinnern, wie dein Umfeld reagiert hat, als du einmal in einer gefühlsmäßig schier unerträglichen Situation warst? Bist du mit solch einem Verhalten konfrontiert worden? Wie hat sich das angefühlt?

Oder hast du dich schon mal dabei erwischt, wie du selbst ähnlich gehandelt hast?

Wie also könnte echte Unterstützung aussehen? Ich habe in Seminaren schon Hunderte von Menschen befragt, was sie sich in einer schwierigen Situation von ihrem Umfeld wünschen. Den meisten Menschen ist durchaus klar, was sie in einer schwierigen Situation als tatsächlich hilfreich erleben und was sich eher wie ein schales Trostpflaster anfühlt. Die immer wiederkehrende, einhellige Antwort lautet: Ich wünsche mir jemanden, der einfach nur da ist, der zuhören kann, der mir keine Tipps gibt, der mir aber handfeste Hilfe anbietet, wenn diese nötig ist. Hier einige Verhaltensweisen, die einen solchen, an Mitgefühl orientierten Beistand ausmachen:

- Den anderen umarmen, ihm die Hand halten, den Arm um die Schulter legen oder ihn drücken.
- Den Schmerz des anderen nachempfinden: »Das ist bestimmt unheimlich schlimm für dich«, »Ich kann mir kaum vorstellen, was du gerade durchmachst«, »Ich merke, wie sehr du leidest«.
- Sich einfach dazusetzen, während der andere weint, und gar nichts sagen.
- Unterstützung anbieten: »Kann ich etwas für dich tun?«
- Den anderen fragen, wie er sich fühlt, und sich Zeit nehmen, um zuzuhören.
- Dem anderen die eigenen Reaktionen mitteilen: »Es tut mir so leid«, »Ich bin so zornig«, »Ich fühle mich so hilflos. Wenn ich bloß etwas tun könnte« oder auch nur: »Ich weiß nicht, was ich sagen soll«.
- Raum für den Schmerz des anderen schaffen: »Möchtest du darüber sprechen?«, »Ist schon okay zu weinen« oder: »Du musst nichts sagen. Ich kann auch einfach nur hier bei dir sitzen«.[7]

Vielleicht ist dir beim Lesen dieses Kapitels bereits klar geworden, was genau der Unterschied ist zwischen Reaktionsweisen, die wir als hilfreich erleben, und den Reaktionen, die wir als frustrierend erleben. Echtes Mitfühlen besteht darin, dem anderen Raum zu geben für all das, was ihn gerade umtreibt und beschäftigt. Wir lassen den anderen berichten, was ihm widerfahren ist, das heißt wir hören uns seine Gedanken an und wir sind auch bereit, die Gefühle des anderen mitzutragen. Mit mittragen ist hier gemeint, dass wir nicht gleich versuchen, die schmerzhaften Gefühle des anderen zu verändern. Wir tragen sie mit, indem wir gemeinsam mit dem anderen dem Schmerz erlauben, da zu sein. In einer solchen Situation ist es mitunter hilfreich, sich selbst möglichst »leer« zu machen, also die eigenen Gedanken und Themen zurückzustellen, um dem anderen als »Raum« begegnen zu können. Du kannst dir das ähnlich vorstellen wie bei einem Glas. Wenn das Glas voll ist, passt nichts mehr hinein. Wenn du aber das Glas leerst, kann es neu befüllt werden. Du bist dann praktisch wie ein leerer Behälter, der dem Inhalt des anderen einfach Raum zur Verfügung stellt. Dadurch fühlt sich der andere von dir wirklich ernst genommen und angehört. Durch diese Form von Zuwendung kann Heilung geschehen. Dein Gegenüber kann seinen Gefühlen freien Lauf lassen, vielleicht könnt ihr sogar gemeinsam weinen. Das hilft dem anderen möglicherweise sehr. Er fühlt sich dann in seinem Leid nicht mehr allein. Man kann nämlich genauso zusammen weinen, wie man zusammen lachen kann. Wir können alle Gefühle miteinander teilen und fühlen uns dann miteinander verbunden.

Mitgefühl und Selbstmitgefühl gehen immer Hand in Hand und beschenken sich sozusagen gegenseitig: Sobald wir in der Lage sind, unseren eigenen schmerzhaften Gefühlen wirklich zu begegnen, können wir auch die Gefühle anderer Menschen besser mittragen.

Wenn ich es gut mit mir meine, was würde ich jetzt tun?

SCHLUSS

Wir sind am Ende unserer kleinen Reise zu einem mitfühlenderen Umgang mit uns selbst angekommen. Ich möchte mich bedanken für dein Vertrauen mir gegenüber und deine Bereitschaft, dich auf die eine oder andere Übung einzulassen, die vielleicht nicht immer ganz einfach war. Ich freue mich, wenn du dir deiner eigenen kritischen Stimme bewusster geworden bist und Anregungen für mehr Freundlichkeit gewonnen hast. Selbstmitgefühl wachsen zu lassen, ist ein längerer Prozess, der seine Zeit braucht. Mit dem Lesen dieses Buches allein ist es nicht getan. Aus eigener Erfahrung kann ich sagen, dass dieser Prozess das gesamte Leben währt. Wenn du diesen Weg weitergehen möchtest, habe ich zwei Vorschläge für dich:

Wähle eine Selbstmitgefühlsübung, die du möglichst regelmäßig in deinem Alltag praktizieren kannst – etwa eine der drei Übungen, die ich in diesem Buch vorgeschlagen habe. Mach es dir beispielsweise zur Gewohnheit, dich immer wieder zu fragen, was Selbstmitgefühl jetzt gerade bedeuten kann. Oder frage dich zwischendurch, ob du dich für etwas verurteilst. In schwierigen Zeiten kannst du dir die Mitgefühlssätze sagen, über die ich im sechsten Kapitel geschrieben habe und die du im Anhang nochmals findest. Diese Übungen integrierst du am besten in deinen Alltag.

Als Zweites möchte ich dir empfehlen, dich auf irgendeine Art und Weise weiterhin mit Selbstmitgefühl zu beschäftigen. Lies weitere Bücher zu diesem Thema, sprich mit Freunden oder mit deinem Partner, deiner Partnerin darüber, besuche ein Achtsamkeits- oder Mitgefühlstraining und praktiziere Achtsamkeitsmeditationen, entweder begleitetet von einer Stimme oder als stille Sitzmeditation.

Selbstmitgefühl gewinnen wir nicht auf Knopfdruck oder durch eine willentliche Entscheidung, sondern wir müssen es uns Schritt für Schritt aneignen. Wir lernen sozusagen eine neue Sprache, die für viele von uns tatsächlich eine Fremdsprache ist. Ich finde es richtig bedauerlich, dass dies nicht die erste Fremdsprache ist, die alle Kinder in der Schule lernen. Nach meiner Erfahrung gewinnen wir mit der Kultivierung von Selbstmitgefühl wirklich etwas für unser Leben, wir werden widerstandsfähiger im Umgang mit Herausforderungen und erfahren uns im Alltag gelassener und zufriedener. Doch um Selbstmitgefühl zu entwickeln, braucht es ein starkes und beständiges inneres Engagement. Ein Buch wie dieses kann erste Ideen für einen veränderten Umgang mit sich selbst geben. Der nächste Schritt findet in dir statt.

Wenn du während der Lektüre dieses Buches erfahren hast, dass du kritisch mit dir umgehst und es dir schwerfällt, dich deinen Gefühlen – und zwar allen – zuzuwenden, so antworte offen und ehrlich auf die folgende Frage:

Möchte ich, dass dies den Rest meines Lebens so weitergeht oder will ich das gerne ändern?

Wie beantwortet dein Selbstmitgefühl diese Frage?

Wenn du deinen bisherigen Umgang mit dir selbst nicht fortsetzen möchtest, bleibt dir gar keine andere Wahl, als dich weiterhin um einen freundlicheren Umgang zu bemühen.

Dass ein solches Engagement das gesamte Leben auf den Kopf stellen kann, zeigt der Erfahrungsbericht, der im Anhang folgt. In »Ja zum Leben sagen« schildert Alisia Denner eindringlich, was passieren kann, wenn du dich von der Energie des Selbstmitgefühls erfassen lässt. Bleibe also wachsam und lass es geschehen!

ANHANG

JA ZUM LEBEN SAGEN. EIN ERFAHRUNGSBERICHT VON ALISIA DENNER [8]

Für das Vergangene – Dank.
Für das Kommende – Ja!
Dag Hammarskjöld

Ich gegen mich und gegen das Leben

Bevor ich begann, mich mit Selbstmitgefühl zu beschäftigen, führte ich ein Leben, das von Selbstverurteilung geprägt war. Nie konnte ich in meinen Augen etwas richtig machen, sondern machte ständig alles falsch. Das nahm teilweise ziemlich absurde Formen an: Wurde ich zum Beispiel im Supermarkt angerempelt, so dass ein Joghurtbecher zu Boden fiel und zerbarst, gab ich mir die Schuld, weil ich dem anderen »im Weg« stand. Ich beschimpfte mich dafür und warf mir auch noch vor, den Mitarbeitern des Supermarkts zusätzliche Arbeit zu machen. Heute würde ich solch eine Situation einfach unter »dumm gelaufen« einordnen und käme nicht einmal im Traum auf die Idee, mir selbst dafür die Schuld zu geben.

Mein Leben war durch diese Art des Selbstumgangs stark eingeschränkt, denn immer malte ich mir im Vorfeld aus, was ich alles falsch machen könnte und was im schlimmsten Fall passieren würde. Wurde ich zum Beispiel auf ein größeres Fest eingeladen, ging ich erst gar nicht hin, weil ich davon ausging, dass mit mir sowieso keiner sprechen würde; ich hatte doch nichts Interessantes zu sagen. Ich stellte mir bildhaft vor, wie ich zwischen zahlreichen, sich angeregt unterhaltenden Menschen stehe und wie mich all diese Menschen mit einem abschätzigen Blick ansehen. Diese lebhaften Vorstellungen, die nur in meinem Kopf stattfanden, erschienen mir damals so real, dass ich tatsächlich glaubte, so würde das Fest für mich verlaufen. Wie verrückt mir das heute erscheint! Früher dachte ich, ich könne mithilfe von Bildern in meinem Kopf die Zukunft voraussagen. Und vielleicht wäre es allein durch mein Verhalten tatsächlich so gekommen, wie ich es mir in meinen üblen Phantasien ausgemalt hatte. Aber ich ließ es erst gar nicht darauf ankommen, lieber blieb ich auf dem Sofa sitzen und ging überhaupt nicht hin.

Selten konnte ich inneren Impulsen spontan folgen, weil die selbstkritischen Stimmen die innere Bühne beherrschten. Das Katastrophenszenario, das diese Stimmen mir ausmalten, machte mir so große Angst, dass ich innerlich gefror und zu keinem Handeln mehr in der Lage war. Lernte ich beispielsweise jemanden kennen, der mir auf Anhieb sympathisch war, gelang es mir nicht zu fragen, ob wir uns verabreden wollten. Denn unverzüglich erschienen vor meinem geistigen Auge wieder erschreckende Bilder, die mir vorauszusagen schienen, dass ich fürchterlich abgeschmettert werden würde, wenn ich fragte.

Auch wollte ich mich anderen Menschen gar nicht erst anvertrauen, weil ich dachte, sie könnten mich nicht verstehen. Ich war mir sicher, dass alle anderen nur kleine Probleme hätten, während ich richtige, ernstzunehmende Probleme vorweisen konnte. Das Leben der sogenannten anderen kam mir im Großen und Ganzen recht geordnet und sinnig vor. Klar mochten sie Schwierigkeiten in diesem oder jenem Lebensbereich haben, vielleicht hatten sie kleinere Schwierigkeiten mit dem Chef oder waren unglücklich verliebt. Dennoch schienen sie zufrieden zu sein, wirkten kompetent und erwachsen und mit sich selbst im Reinen. Mein eigenes Leben hingegen wirkte wie ein einziger Problemhaufen. In keinem Bereich fühlte ich mich angekommen und zufrieden. Auch wusste ich nie, wo ich anfangen könnte, um den Berg an Problemen abzutragen. Sollte ich mich darauf konzentrieren, Freunde zu finden? Oder war es doch wichtiger, mit dem Studium voranzukommen? Nein, zuallererst musste ich mich um meine Gefühle von Einsamkeit und Verzweiflung kümmern, denn schließlich waren diese unerträglichen Gefühle dafür verantwortlich, dass mein Leben nicht ins Rollen kam. Oder sollte ich doch besser zuerst die Wohnung oder sogar die Stadt wechseln? Ich drehte mich ständig im Kreis. Hatte ich einen vermeintlichen Weg entdeckt, fielen mir direkt zwanzig Gründe ein, warum es so nicht funktionieren konnte.

Diese Sichtweise isolierte mich und führte dazu, dass ich mich noch einsamer und unverstandener fühlte. Ich erkannte gar nicht, wie sehr ich mich in Selbstmitleid suhlte.

Widerstände auflösen

Zum ersten Mal kam ich mit Selbstmitgefühl in Kontakt durch ein Buch zu diesem Thema. Anfangs konnte ich überhaupt keinen Zugang finden. Das Buch zu lesen, fiel mir furchtbar schwer, obwohl ich eigentlich eine Leseratte bin. Das Thema Selbstmitgefühl löste starke Widerstände in mir aus, denn ich konnte mir einfach nicht ausmalen, wie ich jemals in der Lage sein sollte, Mitgefühl für mich (!!!) aufzubringen.

Wieso sollte ich in der Lage sein, mir selbst Mitgefühl entgegenbringen zu können? Wächst Selbstmitgefühl nicht erst, wenn ich Mitgefühl durch andere erfahre? Wieso sollte ich diese ganze Arbeit alleine tun müssen? Das wollte ich überhaupt nicht einsehen, denn ich hatte es schließlich besonders schwer. Ich wollte, dass andere freundlich zu mir waren, aber mich selbst liebevoll zu behandeln, igitt, allein bei dem Wort zog sich innerlich schon alles zusammen. Ich hatte keine Ahnung, wie man nett mit sich selbst umgehen kann. Woher sollte ich das plötzlich können?

Dies lag schlichtweg daran, dass ich es seit Jahrzehnten gewohnt war, mich selbst zu verurteilen und schlechtzumachen. Ich war zwar damals bereits in der Lage, Mitgefühl für andere Menschen oder für Tiere zu empfinden, nicht aber für mich selbst. Ich mochte mich doch gar nicht.

Außerdem hatte ich eine dunkle Ahnung davon, dass diese ganze Sache mit dem Selbstmitgefühl möglicherweise Dinge mit sich brächte, die mir nicht geheuer waren. Was, wenn sich all der angesammelte Schmerz, der sich in mir befand, seinen Weg an die Oberfläche bahnen würde? Dann müsste ich diesen Schmerz fühlen. Hatte ich die Kraft dazu? Und wollte ich das wirklich? Wenn das die Lösung sein sollte, wollte ich mein Problem doch lieber behalten.

Dennoch nahm ich mir regelmäßig zumindest ein paar Seiten im Buch vor. Das Ganze schleppte sich über viele Monate hin. Ich hatte ziemlich großen Respekt vor dem Thema und konnte es nur in kleinen Happen aufnehmen und verdauen. Neben der Lektüre hörte ich mir geführte Meditationen an, was mir zumindest leichterfiel als das Buch zu lesen. Bei den Meditationen lag der Fokus auf den Körperempfindungen, ich sollte sie wahrnehmen und ihnen mit Freundlichkeit begegnen. Mit meinen Körperempfindungen konnte ich halbwegs umgehen, manchmal war es sogar richtig spannend. Ich entdeckte, wie viele unterschiedliche Empfindungen es da gab und war richtig erstaunt darüber. Mit meinen Körperwahrnehmungen tat ich mich viel leichter als mit meinen Gefühlen. Die bewertete ich ständig und stempelte sie als positiv oder negativ ab. Meine Körperempfindungen konnte ich neutraler wahrnehmen, daher war das damals wohl der ideale Einstieg für mich. Ich machte die Meditationen regelmäßig, ging allerdings bald dazu über, »frei« zu meditieren, ohne mich von Stimmen anleiten zu lassen. Mit »frei« meine ich, dass ich meine Aufmerksamkeit auf nichts Bestimmtes richtete, sondern einfach nur wahrnahm, was sich in mir an Gefühlen, Gedanken usw. befand. Ich wollte dabei meine Erfahrung nicht manipulieren, sondern einfach das da sein lassen, was sowieso schon da war. Das entwickelte sich ganz natürlich, ohne dass ich es mir vorgenommen hätte. Dabei spielte es keine Rolle, ob ich einen guten oder einen schlechten Tag hatte. Ich wollte einfach wissen, was sich in mir abspielte. Ich erkannte, dass sich in mir sowohl Himmel als auch Hölle befanden. Wir identifizieren uns üblicherweise eher mit den Seiten an uns, die wir als positiv bewerten. Die sogenannten negativen Seiten nehmen wir selten als einen Teil von uns an. Wir reden uns dann heraus, etwa indem wir sagen, »keine Ahnung, was da über mich gekommen ist.« Durch das Meditieren begann ich mich für die Möglichkeit zu öffnen, dass ich sowohl liebenswürdig als auch abscheulich sein kann. Alle menschlichen Gefühle stecken in mir, und es ergab keinen Sinn mehr für mich, so zu tun, als wäre ich besser oder schlechter als jemand anders. Heute bin ich mir sicher, dass unter den entsprechenden Bedingungen jeder Mensch liebevoll und böse sein kann. Alle Facetten des Menschseins gehören zu uns allen.

Zusätzlich wollte ich mich mehrmals täglich in für mich schwierigen Situationen fragen, wie ein Mensch in meiner Situation reagieren würde, der Mitgefühl für sich und andere empfindet. Diese Idee hatte ein buddhistischer Lehrer vorgeschlagen und irgendetwas reizte mich daran, so dass ich es direkt umsetzte. Ich ließ mich von meinem Smartphone mehrmals am Tag an diesen Vorsatz erinnern. Sobald das Smartphone mir sagte, dass es mal wieder so weit war, hielt ich inne, machte mir die Situation, in der ich mich gerade befand, bewusst und in meinem Kopf erschienen Bilder, wie ein (selbst)mitfühlender Mensch nun reagieren würde. Oft befand ich mich nicht in einer schwierigen Situation mit anderen Menschen, meist machte ich mich in Gedanken selbst fertig. Mein innerer Kritiker war sehr laut. Die Bilder, die während der Übung entstanden, versuchte ich nicht bewusst umzusetzen, sie bildeten einfach kurzzeitig einen Gegenpol zu meinem gewohnheitsmäßigen Umgang mit mir selbst. Beispielsweise ertönte der Gong, als ich gerade mit einer Freundin telefonierte, die mich mal wieder mit ihren Beziehungsproblemen langweilte. Ich reagierte innerlich leicht genervt auf meine Freundin und verurteilte mich dafür. Als dann der Gong ging, stellte ich mir vor, wie ich stattdessen Verständnis für mich und auch für sie aufbrächte. Obwohl ich nicht aktiv versuchte, etwas an meinem Erleben zu verändern, begann mein Herz sich zu öffnen, und zwar sowohl für mich als auch für den anderen. Anfangs war es nicht immer leicht, diese Übung zu machen, weil der Gong des Smartphones in den unpassendsten Momenten erklang. Dann erinnerte ich mich selbst daran, wie stark meine Motivation war, etwas an meinem inneren Erleben ändern zu wollen, und dann ging es auf einmal.

Mich dem Leben öffnen

Über die Zeit begann ich kleine Veränderungen an mir zu bemerken, die mich erstaunten und mit denen ich nie gerechnet hätte. Ich war es gewohnt, mich für alles Mögliche, was schieflief, selbst zu verurteilen. Außerdem war der Tenor des innerlichen Gedankenstroms mir selbst und anderen gegenüber abwertend. Eines Tages, als ich wieder einmal eine Tasse zerbrochen hatte, fiel mir plötzlich auf, dass gedanklich keine Verurteilung stattfand. Ich merkte stattdessen, dass ich traurig wurde, weil meine Lieblingstasse kaputt war.

Wenn plötzlich Verzweiflung in mir aufstieg, gab es keinen Kampf mehr dagegen, das heißt es tauchten nicht mal Gedanken darüber auf, dass ich diese Verzweiflung nicht haben wollte, dass sie sofort weggehen sollte. Der Widerstand gegen die Verzweiflung war weg. Es war plötzlich ganz einfach. War Verzweiflung da, dann wurde sie gefühlt, bis sie sich von selbst auflöste. Danach fühlte ich mich meist so, als wäre eine große Last von mir gefallen. Es war mir klar, dass ein Gefühl nur gefühlt werden will und kein Problem darstellt. Natürlich gibt es Angenehmeres, als Verzweiflung zu fühlen, aber ich wusste, dass das Gefühl irgendwann schwächer werden würde, bevor es ganz verschwand. Na ja, manchmal habe ich das auch vergessen. Ich musste es mir dann wieder in Erinnerung rufen, als ich versuchte, vor dem Gefühl davonzulaufen.

Immer seltener wachte ich mit einer unzufriedenen Grundstimmung auf. Zuvor war ich es gewohnt, mit schlechter Laune aufzustehen, die sich dann durch den ganzen Tag zog.

Mir wurde immer deutlicher bewusst, dass ich über die Dinge, die sich in meinem Leben ereigneten, gar keine Kontrolle hatte. Bisher hatte ich mich für einen schlechten Menschen gehalten. Das war meine Erklärung dafür, wieso ich nicht nur ein paar »Problemchen« hatte wie alle anderen, sondern diesen riesigen Problemhaufen mit mir rumschleppen musste. Diese Erkenntnis führte zu noch stärkerem Mitgefühl für mein altes Ich, das sich für alles Negative stets die Schuld gegeben hatte.

Ich war zeitlebens sehr streng mit mir selbst gewesen und hielt mich für einen schlechteren Menschen als alle anderen. Ich bemitleidete mich dafür, fühlte mich aber dadurch auch anders, ich könnte fast sagen: besonders. Erstaunlicherweise konnte ich nun auf einmal sehen, dass andere Menschen ebenso dazu neigen, sich selbst zu verurteilen und andere zu idealisieren. Wieso war mir das bloß bisher nie aufgefallen? War ich so gefangen in mir selbst gewesen, dass ich nicht in der Lage war zu erkennen, dass es anderen ebenso erging wie mir?

Meine innere Haltung änderte sich grundlegend. Das Opferdenken, etwa: »Warum passieren immer nur mir solche Dinge?«, verschwand leise und heimlich und ohne dass ich hätte sagen können, wann. Als ich eines Tages an der Bushaltestelle stand und auf den Bus wartete, öffnete ich meine Handtasche, um etwas herauszuholen. In dem Moment flog eine Ladung Taubenkot vom Himmel herab, landete mitten in meiner Tasche und beschmutze Bücher, Handy usw. Eine typische Geschichte, die früher meine »Immer ich«-Gedankenspirale aktiviert hätte. Für gewöhnlich hätte ich die Taube und mich verflucht, nun aber musste ich lachen, als ich meine Tasche ausräumte und versuchte, die Gegenstände zu säubern. Mir kam der Gedanke: »Was, wenn ich gar nicht von Feinden umgeben wäre?«

Weil ich nun weniger in meinen eigenen negativen Gedanken über mich, die anderen und die Welt im Allgemeinen gefangen war, öffnete sich mein Blick. Ich konnte sehen, dass andere genauso gefangen sind in ihren eigenen Gedankenwelten. Dies führte dazu, dass ich mehr Mitgefühl mit anderen empfinden konnte. Ich konnte sehen, dass andere genauso litten, wie ich gelitten hatte und auch heute manchmal noch leide. Mit Menschen, mit denen ich oft in Streit geraten war, kam ich auf einmal gut zurecht. Sie hatten sich nicht geändert, aber mein Blick auf sie hatte sich dramatisch verändert und ermöglichte mir, mit Menschen auszukommen, von denen ich mich früher ständig verletzt gefühlt hatte. Dabei hatten sie mich gar nicht »verletzt«, niemand kann mich verletzen, außer ich mich selbst. Dazu gibt es eine wunderbare Geschichte von Ajahn Brahm, einem buddhistischen Meditationslehrer. Wenn mich jemand als Idiot bezeichnet und ich mich innerlich die nächste halbe Stunde damit beschäftige, dass mich der andere als Idiot bezeichnet hat, etwa indem ich denke, »Warum nennt er mich einen Idioten? Bin ich wirklich ein Idiot?«, bleibe ich am »Idioten« haften und erschaffe ihn immer wieder neu. Fühle ich mich hingegen durch die Bezeichnung »Idiot« gar nicht verletzt, kann ich die Situation direkt abhaken und vergessen und brauche keinen Gedanken mehr daran zu verschwenden. Was haben die Gedanken und Urteile des anderen über mich mit mir zu tun? Ich habe doch keine Kontrolle darüber, was andere von mir denken. Das möchte ich auch gar nicht. Wollte ich den anderen vorgeben, nur nett über mich zu denken, wäre ich ja geradezu ein Diktator. Mit der Zeit wurde mir klar, dass es nicht wichtig ist, was andere von mir denken oder wie sie sich mir gegenüber verhalten, um mich gut zu fühlen. Wenn mich jemand beschimpft, dann prüfe ich, ob etwas Wahres dran ist. Wenn das der Fall ist, kann ich mich entschuldigen, wenn nicht, brauche ich mir die Beschimpfung nicht zu Herzen zu nehmen. Das klingt jetzt so leicht, während es mir am Anfang nahezu unmöglich erschien. Aber irgendwann hat es sich wie von alleine eingestellt.

Mit dem Ende der Selbstverurteilung und der Verurteilung anderer vollzog sich noch etwas anderes. Auch mein ständiges Beurteilen von allem und jedem wurde immer weniger. Wenn ich heute beispielsweise Schmerzen habe, registriere ich einfach die Schmerzen. Schmerzen sind Schmerzen, nichts weiter. Da ist kein innerer Kampf mehr gegen die Schmerzen, keine Gedanken wie etwa: »Ich sollte schmerzfrei sein, ich sollte keine Schmerzen haben.« Lange wusste ich nicht, dass es möglich ist, ohne diesen Kampf gegen sich selbst und das eigene Innenleben durchs Leben zu gehen.

Wer kennt nicht die ständigen Gedanken wie »Ich sollte endlich wieder ordentlich die Wohnung putzen«, »Ich muss morgen mehr Gemüse essen«, »Ich muss mehr Sport treiben«, »Ich sollte nicht immer so ungeduldig sein«, »Sie sollte mir zuhören«, »Es sollte endlich Sommer werden« usw. Auch dieser ganze »Sollte«-Terror nahm im Laufe der Zeit immer weiter ab. Ich erkannte, dass ich es nicht besser wissen kann als das Leben selbst. Wenn ich den Impuls spüre, mich zu bewegen, dann mache ich das. Wenn ich Lust habe, Gemüse zu essen, dann tue ich das. Esse ich an einem Tag kein Gemüse, sondern ganz ungesund, dann »sollte« es eben so sein und ist auch nicht weiter schlimm. Interessanterweise lebe ich heute »gesünder« als früher. Beispielsweise habe ich aufgehört zu rauchen. Korrekterweise müsste ich sagen »das Rauchen hat aufgehört«, denn ich habe überhaupt nichts getan. Ich habe noch nicht mal gedacht, dass ich aufhören sollte. Möglicherweise ist dies sogar der Schlüssel, der das Rauchen hat enden lassen. Erstaunlich oder?

Wenn ich mich früher mit einer Freundin unterhielt, dachte ich oft, sie hört mir gar nicht richtig zu. Dadurch fühlte ich mich sehr verletzt, weil ich mich von ihr nicht wirklich gesehen fühlte. Ich versuchte ihr immer wieder zu erklären, dass ich es brauche, dass sie mir zuhört. Es fruchtete nicht. Sie wartete nur darauf, dass ich eine winzige Sprechpause einlegte, um dann selbst zum Zug zu kommen und mir alles mitzuteilen, was ihr auf der Seele lag. Wie oft habe ich ihr vorgeworfen, sie würde mir nicht zuhören! Je mehr Selbstmitgefühl wir aufbringen, desto eher sind wir in der Lage, Mitgefühl mit anderen Menschen zu empfinden. Dadurch hat sich bei mir die Perspektive verschoben. Ich sehe nicht mehr nur mich, ich sehe zugleich den anderen. Im Falle meiner Freundin bedeutete dies, dass es mir eines Tages wie Schuppen von den Augen fiel, dass sie es genauso brauchte, von mir angehört zu werden, wie ich von ihr! Das war wirklich eine wunderbare Entdeckung. Heute kann ich ihr endlich zuhören und fühle mich ihr mehr verbunden denn je. Ich habe keine Kontrolle darüber, was andere von mir denken. Genauso habe ich keine Kontrolle darüber, was das Leben für mich bereithält. Wir denken so oft, wir könnten unser Leben planen. Wenn es dann anders kommt, fühlen wir uns betrogen oder unfair behandelt. In meinem Fall kam noch hinzu, dass ich dachte, mir passieren eben eher schlechte

Dinge, weil ich ein schlechter Mensch bin. Das gehörte für mich einfach zusammen.

Ich hatte auch keine Kontrolle über alte Muster, die automatisch in mir abliefen. Zum Beispiel habe ich früher oft sehr ungehalten reagiert, wenn jemand mein überdimensional großes Leid nicht anerkennen wollte. Ich fühlte mich in solchen Situationen furchtbar verletzt. Als ich aber schließlich damit aufhören konnte, mich mit meinem »Leid« zu identifizieren, hörten auch diese Situationen ganz auf. Wir alle haben sehr viele reaktive Verhaltensweisen in uns, die durch äußere oder innere Trigger ausgelöst werden. Das Erstaunliche daran ist, dass man all diese Verhaltensweisen nicht mit ins Grab nehmen muss. Denn durch vermehrtes Mitgefühl für andere und für sich selbst fallen diese Muster einfach von einem ab. Heute kann ich andere Menschen gar nicht mehr absichtlich verletzen, das war früher anders. Das liegt keineswegs daran, dass ich ein besserer Mensch geworden wäre. Es liegt allein daran, dass ich nur mich selbst verletze, wenn ich einen anderen verletze. Heute nehme ich das sehr klar wahr, früher konnte ich das gar nicht sehen.

Holpriger Weg

Der innere Prozess lief allerdings nicht so linear ab, wie es vielleicht klingt, wenn man diesen Bericht liest. Die ersten Veränderungen stellten sich schon nach wenigen Wochen des Übens ein, aber über lange Zeit gab es so etwas wie eine Pendelbewegung zwischen dem alten Erleben, das mit Leid verbunden war, und dem neuen Erleben, das frei von Leid ist. Ich hatte im Außen mit vielen Herausforderungen zu tun und auch körperlich ging es mir oft so schlecht, dass ich kaum in der Lage war, mich aufrecht zu halten. Wie sich jeder vorstellen kann, ist es nicht einfach, mit körperlichen Einschränkungen und Schmerzen umzugehen.

Außerdem war die Selbstverurteilung in meinem Fall dermaßen stark ausgeprägt, dass sie mein ganzes Leben bestimmte. Das sollte durch diese Bericht deutlich geworden sein. Jenes furchtbare Bild, das ich von mir selbst hatte und das sich in meiner Wahrnehmung der Welt widerspiegelte, stellte sich zwischen mich und das Leben. Es trennte mich vom Leben. Doch ich war hochmotiviert, mich aus diesem inneren Gefängnis zu befreien und war bereit, mir alles anzusehen, was es in mir an Gefühlen und Gedanken gab. Dies war oft sehr schwierig und schmerzhaft, denn ehrlich zu sich selbst zu sein, ist eine große Herausforderung. Oft richten wir uns in einer Komfortzone ein und um diese nicht verlassen zu müssen, schließen wir alles aus, was uns zu leidvoll erscheint. Dafür bezahlen wir aber einen hohen Preis.

Ich musste viele innere Kämpfe durchstehen, weil ich auf Schwierigkeiten oft mit Widerstand reagierte. Bis ich eines Tages erkannte, dass der Widerstand an sich das Problem darstellte und nicht eine bestimmte Situation. Heute weiß ich: Ich kann in jeder Situation in Frieden sein, ganz egal, worum es sich dreht, vorausgesetzt ich kämpfe nicht dagegen an und bin bereit, die Situation und die Empfindungen, die mit ihr verbunden sind, möglichst vollständig anzunehmen.

Heute bin ich allen Schwierigkeiten, die mir im Leben begegnet sind, in gewisser Weise dankbar, weil sie mich genau dort hingeführt haben, wo ich heute bin. Damit will ich nicht sagen, dass jeder Mensch Leid braucht, um Veränderungen zu erleben, aber in meinem Fall war es so.

Seit ich das erste Buch über Selbstmitgefühl in die Hand genommen habe, sind fast drei Jahre vergangen. Damals war ich voller Selbstverurteilung. Doch ich hatte eine unbeschreiblich starke Sehnsucht danach, dass mein inneres Leid endlich ein Ende finden möge. Dieser Wunsch, das Leid hinter mir zu lassen, war so stark, dass ich einfach nicht aufgeben konnte. Mehr Selbstmitgefühl zu entwickeln, war über mehrere Jahre hinweg das vielleicht wichtigste Thema in meinem Leben. Mich mit Selbstmitgefühl zu beschäftigen, hat mich auf eine innere Reise geführt, an deren Möglichkeit ich zuvor nicht geglaubt hätte. Nicht einmal im Traum hätte ich mir ausmalen können, wie sehr sich das Erleben und die Wahrnehmung eines Menschen verändern können. Ich bin mir sicher, diese Reise geht noch weiter und ich bin sehr gespannt darauf, wo sie mich hinführen wird.

DANKSAGUNG

Dieses Buch konnte nur entstehen und gelingen, weil ich viel Unterstützung bekommen habe. Mein erster Dank gilt wie immer meiner Frau Anke Gartelmann, die mich mit ihrem klugen und kritischen Geist oft so richtig herausgefordert hat. Durch ihre Hilfe ist das Buch persönlicher und ehrlicher geworden. Sie ist mir ein Vorbild im mitfühlenden Umgang mit den eigenen Empfindungen. Alisia Denner hat nicht nur ihren beeindruckenden Erfahrungsbericht beigesteuert, sondern mir auch bei der Recherche und der sprachlichen Überarbeitung des Textes sehr geholfen. Ohne sie hätte ich den ehrgeizigen Abgabetermin wohl nie einhalten können. Usha Swamy hat mich eingeladen, dieses Buch im Kösel-Verlag zu veröffentlichen und war immer für ein wohlwollendes und offenes Feedback da. Sie hat mich ermutigt, mir auch beim Schreiben meinen Humor zu erhalten. Antje Korsmeier hat es wieder verstanden, mit geringfügigen Veränderungen den Text viel besser zu machen. Ein herzlicher Dank gilt auch all meinen Klienten und Seminarteilnehmern, die mir ihr Vertrauen schenken und die so engagiert um einen wohlwollenden Umgang mit sich selbst und mit anderen ringen.

QUELLENANGABEN

1 Benjamin Libet (1985), »*Unconscious cerebral initiative and the role of conscious will in voluntary action*«, in: Behavioral and Brain Sciences 8, S. 529–539.

Siehe hierzu auch: Thomas Metzinger (2009), *Der Ego-Tunnel. Eine neue Philosophie des Selbst. Von der Hirnforschung zur Bewusstseinsethik,* Berlin Verlag, Berlin.

2 Vgl. Christopher Germer und Ronald Siegel (2014), *Weisheit und Mitgefühl in der Psychotherapie. Achtsame Wege zur Vertiefung der therapeutischen Praxis,* Arbor Verlag, Freiburg.

3 Zur Übersicht siehe: James J. Gross (2009), *Handbook of Emotion Regulation,* The Guilford Press.

J. Binder et al. (2012), »Emotion suppression reduces hippocampal activity during successful memory encoding«, in: *NeuroImage* 63(1), S. 525–532.

4 Uwe Herwig et al. (2010), »Self-related awareness and emotion regulation«, in: *NeuroImage* 50.2, S. 734–741.

5 Loren J. Martin et al. (2015), »Reducing social stress elicits emotional contagion of pain in mouse and human strangers«, in: *Current Biology* 25(3), S. 326–332.

6 Zur Übersicht siehe: Christopher Germer und Ronald Siegel (2014), *Weisheit und Mitgefühl in der Psychotherapie. Achtsame Wege zur Vertiefung der therapeutischen Praxis,* Arbor Verlag, Freiburg.

7 Angelehnt an: Russ Harris (2013), *Wer vor dem Schmerz flieht, wird von ihm eingeholt. Unterstützung in schwierigen Zeiten,* Kösel Verlag, München.

8 Alisia Denner, geboren 1975, ist Kulturwissenschaftlerin und wohnt in Berlin. Nachdem sie den Großteil ihres Lebens mit psychischen Schwierigkeiten gekämpft hatte, fand sie durch eine mitfühlende Haltung sich selbst und anderen gegenüber einen Weg, um psychisches Leid zu überwinden.

LITERATUR UND WEITERE ANREGUNGEN

Zum Weiterlesen

Adyashanti (2011), *In Gnade fallen. Einsichten in das Ende des Leidens,* Noumenon-Verlag, Hamburg.

Byron Brown (2001), *Befreiung vom inneren Richter. Die Intelligenz der Seele erkennen.* J. Kamphausen Verlag, Bielefeld.

Christine Brähler (2015), *Selbstmitgefühl entwickeln. Liebevoller werden mit sich selbst,* Scorpio Verlag, München.

Tom Diesbrock (2013), *Hermann! Vom klugen Umgang mit dem inneren Kritiker,* Patmos Verlag, Ostfildern.

Christopher Germer (2011), *Der achtsame Weg zur Selbstliebe, Arbor-Verlag,* Freiburg.

Paul Gilbert und Choden (2014), *Achtsames Mitgefühl. Ein kraftvoller Weg, das Leben zu verwandeln,* Arbor Verlag, Freiburg.

Pema Chödrön (2007), *Geh an die Orte, die du fürchtest. Buddhas Weg zu Furchtlosigkeit in schwierigen Zeiten,* Arbor Verlag, Freiburg.

Matthias Hammer (2015), *Der Feind in meinem Kopf. Stopp den inneren Kritiker,* Gräfe und Unzer, München.

Russ Harris (2009), *Wer dem Glück hinterher rennt, läuft daran vorbei. Ein Umdenkbuch,* Kösel-Verlag, München.

Russ Harris (2013), *Wer vor dem Schmerz flieht, wird von ihm eingeholt. Unterstützung in schwierigen Zeiten,* Kösel-Verlag, München.

Mike Hellwig (2012), *Wie wir uns vom positiven Denken heilen. Über die Freiheit, alles fühlen zu dürfen,* Herder, Freiburg.

Andreas Knuf (2010), *Ruhe da oben! Der Weg zu einem gelassenen Geist,* Arbor Verlag, Freiburg.

Andreas Knuf (2012). *Ruhe da oben! Wege aus der Grübelfalle,* Arbor Verlag, (Hörbuch).

Andreas Knuf (2013), *Ruhe ihr Quälgeister, Wie wir den Kampf gegen unsere Gefühle beenden können,* Arkana, München.

Russell Kolts (2014), *Schließe Freundschaft mit deiner Wut. Wie Achtsamkeit und Mitgefühl dabei helfen können, besser mit Ärger und Wut umzugehen,* Arbor Verlag, Freiburg.

Kristin Neff (2012), *Selbstmitgefühl. Wie wir uns mit unseren Schwächen versöhnen und uns selbst der beste Freund werden,* Kailash, München.

Rebecca Niazi-Shahabi (2013), *Ich bleib so scheiße, wie ich bin. Lockerlassen und mehr vom Leben haben,* Piper Verlag, München.

Dennis Tirch (2014), *Selbstmitgefühl als Weg durch Angst und Panik. Ein praktischer Ratgeber auf Basis der Compassion Focused Therapy,* Arbor Verlag, Freiburg.

Achtsamkeits-CDs / Selbstmitgefühls-CDs

Kristin Neff (2014), *Selbstmitgefühl. Schritt für Schritt,* Buch & CD, Arbor Verlag, Freiburg.

Christopher Germer, Kristin Neff, Britta Hölzel (2012), *Achtsames Selbstmitgefühl. Wie man sich von destruktiven Gedanken und Gefühlen befreit,* Hörbuch, Arbor Verlag, Freiburg.

Britta Hölzel (2012), *Die große Achtsamkeits-Box,* 2 CDs & 1 DVD, 5W Verlag, Berlin.

Filme

2011 *Das automatische Gehirn. Die Magie des Unbewussten/Die Macht des Unbewussten*
Regie: Francesca D'Amicis, Freddie Röckenhaus, Petra Höfer
Produktion: colourFIELD.

Apps

Für Smartphones gibt es kostenlose Apps, die in bestimmten Abständen einen Gong ertönen lassen. Sie sind hilfreich, um die eigene Achtsamkeit zu fördern oder als Erinnerungssignal an die Wahrnehmung von Gefühlen und Empfindungen. Empfehlenswert ist beispielsweise die App »Glocke der Achtsamkeit« (kostenlos für Android).

Links zu kostenlosen Downloads
Verschiedene Übungen zu Selbstmitgefühl von Christine Brähler
https://www.christinebraehler.com/de/meditationen

Über viele Krankenkassen gibt es mittlerweile Apps und Achtsamkeitsübungen. Du kannst direkt bei deiner Krankenkasse nachfragen.

Viele kostenlose Übungen findest du auch auf Youtube und anderen Plattformen.

Achtsamkeitsübungen und Online-Kurse mit Andreas Knuf
Verschiedene Online-Kurse von Andreas Knuf findest du auf www.inneresglueck.de. Dort findest du auch zahlreiche kostenlose Videos und Übungen. Kostenlose Übungen findest du auch auf dem Youtube-Kanal von Inneres Glück sowie auf Instagram.

ÜBUNGEN FÜR DEN ALLTAG

Die Selbstmitgefühls-Frage

»Wenn ich es gut mit mir meine, was würde ich jetzt tun?«

Die Selbstverurteilungsfrage

»Verurteile ich mich gerade selbst? Wenn ja, wofür?«

Die Selbstmitgefühlsübung

In schwierigen Augenblicken sind wir besonders gefordert, freundlich mit uns umzugehen. Die folgenden Sätze können dir in solchen Situationen helfen. Sprich sie entweder laut aus oder sage sie innerlich still zu dir selbst.

»Dies ist ein schmerzlicher Augenblick.«

»Schmerzhafte Erfahrungen gehören zum Leben und dürfen da sein. Ich muss sie nicht bekämpfen.«

»Möge ich bereit sein, diese Empfindungen anzunehmen und mich ihnen mit Wohlwollen und Freundlichkeit zuzuwenden.«

»Diese schmerzliche Erfahrung zu tragen und freundlich mit mir umzugehen, fällt mir leichter wenn ich …«